15만 번 이혼한 여자

15만 번 이혼한 여자

양정자 지음
대한가정법률복지상담원 원장

대한가정법률복지상담원

책을 내면서

"살아야 할까요, 이혼해야 할까요?" "어떻게 해야 할까요?" "살게 해야 할까요, 이혼시켜야 할까요." 이런 질문을 하는 사람들을 45년째 15만 명 이상 만나고 있다. 그래서 나를 '15만 번 결혼하고, 15만 번 이혼한 여자'라고 소개하는 사람도 있다.

부부란 자신의 의지로 자신이 선택한 법적 가족 관계이다. 부부 사이에 풀기 어려운 문제가 있더라도 가정을 유지할 것인가, 아니면 이혼할 것인가에 대해서는 당사자인 부부 본인들이 결정할 사항이다. 행복이란 남편이 아내의 손안에 가져다가 쥐어 주는 것도 아니고 아내가 남편에게 갖다 바치는 것도 아니다. 자신의 행복은 오직 자신만이 창조하고 노력하여 획득하는 것이다.

이혼을 결심할 때는 억압과 구속에서 해방되어 자유를 얻을 수 있는 마지막 수단이라는 확고한 신념과 의지가 있어야 한다. 그럴 수 있는 사람만이 이혼할 자격이 있다.

이혼하고 법적으로 부부 관계를 정리하고 나서도 억울하게 갈라섰다고 생각해서 복수심에 불타오를 사람이라면 차라리 이혼하지 않고 함께 사는 편이 낫다. 자신의 인생을 사는데 앞은 못 보고 계속 뒤돌아보며 이혼한 상대에게서 자유로워지지 못하고 예속된 인생을 살아가는 것은 정말 불행한 일이다.

　말로는 부부로 살겠다면서 행동은 도저히 부부로서 함께 살 수 없게 하는 사람들, 서로 얼굴을 본 지 몇십 년이 넘으면서도 혼인 관계 등록부에는 아직 부부로 되어 있는 사람들, 법적으로 이혼을 해놓고는 재혼해서 새 가정을 이루고 사는 상대를 계속 찾아가고 시비하고 상처를 주는 사람들, 이루 다 표현할 수 없이 딱한 부부들도 많다. 이런 문제를 안고 대한가정법률복지상담원을 찾는 사람들을 하루 평균 10명 이상씩 만나다 보면 기막힌 사연도 한두 가지가 아니다.

　첩 꼴 보기 싫어 이혼한 본처가 첩과 법적 부부가 된 전남편을 다시 만나 본처와 첩의 위치가 뒤바뀐 사람, 부부 싸움에 부모 형제가 나서서 함께 살겠다는 본인들을 떼어놓는 사람, 여태 자식 때문에 할 수 없이 살았다더니 막상 이혼을 하게 되니까 자식을 맡지 않으려고 별 핑계를 다 대는 어머니도 적지 않다. 그리고 같이 살 때는 입 속에 들은 것까지 빼줄 듯이 유난을 떨더니 헤어지게 되니까 이번에는 상대방 입 속의 금니까지 뽑아 가지 못해 안달하는 남자들도 있다.

이런 모습들을 보면서 뼈저리게 느끼는 것은 부부 싸움도 결국 이 세상 어떤 싸움과 다를 것이 하나도 없다는 것이다.

흔히 '부부 싸움이란 칼로 물 베기', '하루 저녁 자고 나면 끝나는 싸움', '부부 싸움은 사랑 싸움'이라며 부부 싸움은 다른 싸움과는 그 본질이나 실체가 완전히 다른 것처럼 낭만적인 면만을 이야기하는데 부부 문제 상담가인 나의 입장에서는 한가한 이야기이다. 문제가 있어서 하는 부부 싸움도 이겨야 하는 여느 싸움과 다를 바가 없다. 즉 부부 싸움도 이기기 위해서는 싸움의 목적을 분명하게 정하고 이에 따라 병법, 전략, 전술을 전문적이고 이성적으로 무장할 필요가 있다는 이야기이다.

부부간에 싸움 없이 살 수는 없다. 평생을 부부 싸움 한 번 없이 살았다고 하는 부부는 거짓말쟁이거나 생동감이 없는 죽은 부부 관계이다. 부부 싸움을 할 때는 당사자는 물론이요 자식들, 부모, 형제, 친척들의 상처와 피해를 줄이고, 이로 인한 사회 질서 파괴와 범법 행위들을 최소화하기 위해 부부 싸움의 본질과 실체를 정확하게 파악해야만 한다.

그동안 부부 문제, 부부 싸움의 현장에서 쌓아 온 경험을 토대로 구체적이고 체계적으로 대처할 수 있는 전술, 전략을 책으로 묶으라는 요청과 압력이 많았다. 1995년에 '다섯수레 출판사'의 김경회 주간의 채근으로 ≪부부 싸움, 하면 이겨야 한다≫는 책을 출판했다. 그 후 15년이 지나 호주제도가 폐지되어 가족관계등록법이 만들어지고, 이혼에 관한 법률도 많이 바뀌어서 이를 보완하고 증보하여 ≪15만 번 이혼한 여자≫라는 제목으로 다시 책을 펴내게 되었다.

출판에 도움을 주신 도서출판 크리스챤서적의 임만호 사장님께 감사드리며, 이 책이 오늘을 살아가는 부부들과 결혼을 앞둔 젊은이들이 최선을 다해 삶을 살아가는 데 조금이라도 도움이 되기를 바란다.

2010년 4월
양정자

차례

책을 내면서 · 4
가정 헌장 · 10

1장 부부는 왜 싸우는가?

부부 싸움이란 무엇인가?······14
이런 부부가 싸운다······16
행복한 가정이냐, 이혼이냐?······25
올바른 부부관······29
왜곡된 부부관······40

2장 부부 싸움도 유비무환

부부 싸움의 다섯 가지 기본 원칙······48
현행법상의 부부의 권리와 의무······53
현행법상 부부의 재산권······55
무기와 군량미 준비는 전쟁의 기본······62
무기 고르기······65
싸우기 전에 전리품을 정한다······76
남이 대체할 수 없는 배우자의 자리······81

3장 부부 싸움, 하면 이겨야 한다

부부 싸움 전법 26계······86
부부 싸움, 알고 합시다······140

4장 이혼, 그 마지막 선택

님이 될까, 남이 될까……178
이혼을 위한 준비……181
이혼하는 방법……188
이혼도 능동적으로 하라……193

5장 바람직한 부부로 가는 길

지금 당신의 부부 관계는 어떻습니까?……250
바람직한 현대 가정, '동료 가정'……255
행복한 가정을 이루기 위한 배우자의 조건……259
자녀를 위한 진정한 부모 사랑……264

특별 제언

미성년 자녀와 전업주부는 보호되어야 한다……272
법률복지사·가정법률복지사 제도를 신설해야 한다……277
가정법원 전국 설치 및 전담 조사관 제도의 신설을 촉구한다……282

2008년 1월 1일부터 시행되는 새로운 가족 관계 등록 제도의 주요 내용 및 양식……287

가정 헌장

1

결혼은 성인 남녀의 사랑과 존경을 바탕으로 하여 성립되며, 두 사람의 행복과 인격의 성숙을 위해 협동하는 관계로 이어져 가야 한다. 결혼은 혈통만의 이음이나 가문의 이익만을 추구하는 수단이 될 수는 없으며, 결혼 당사자의 선택이 우선적으로 보호되어야 한다.

2

가정은 가족 구성원 모두가 서로를 존중하고 사랑하며 살아가는 민주적 생활 공동체이다. 부부 관계와 부모 자녀 관계는 권위주의적 상하 관계나 어느 한쪽의 희생을 정당화하는 관계가 되어서는 안 된다. 모든 가족은 가정이라는 생활 공동체 안에서 인간에 대한 존엄과 사랑을 배우고 가족 구성원으로서의 의무와 권리를 실천함으로써 자신의 인간성을 실현하고 더 나아가서는 민주 사회를 이루는 데 기여해야 한다.

3

　자녀의 출산과 양육은 사사로운 개인의 일이 아니다. 이는 사회의 유지와 번영을 위한 공적이고 역사적인 숭고한 기능이므로 부부는 출산과 양육의 임무를 더욱 신중하고 충실하게 준수해야 하며 국가와 사회는 임신·출산·양육에 따르는 책임을 가족과 나누어 져야 한다. 가사 노동은 정당한 평가를 받아야 하며 그 대가는 한 가정의 재산 형성이나 분배 등에서 제 몫을 인정받아야 한다.

4

　이제 세계는 하나의 가정 공동체가 되어야 한다. 현 시대가 안고 있는 온갖 긴장과 전쟁의 위협으로부터 지구를 지키고 함께 사는 기쁨을 누릴 수 있도록 모든 세계 가족들은 가족 이기주의에서 벗어나 사회 정의를 실현하고 세계 평화를 이룩하는 일에 힘을 모아야 한다.

1986년 10월
법률구조법인 한국가정법률상담소

부부는 왜 싸우는가?

부부 싸움이란 무엇인가?(부부 싸움의 본질과 실체)
이런 부부가 싸운다
행복한 가정이냐, 이혼이냐?
올바른 부부관
왜곡된 부부관

부부 싸움이란 무엇인가?
(부부 싸움의 본질과 실체)

 부부 싸움은 누구도 대신 해줄 수 없다. 그런데 이런 부부 싸움의 본질을 망각하고 당사자인 부부는 빠지고 부모, 형제, 친척들이 나서게 되는 경우가 많다. 처음에는 아무것도 아니던 사소한 싸움에 다른 사람들의 감정이 보태지면 간단히 해결될 문제가 확대되고, 수습이 어려워서 상태가 악화되기 일쑤다.
 군주시대에 무소불위의 권력자인 왕조차도 공주가 그 남편에게 소박을 맞는 경우 아무런 손을 쓸 수가 없었다. 그래서 진정으로 딸을 사랑하는 왕이라면 딸의 부부 관계에 직접 개입하거나 강압적인 방법을 쓰지 않았다. 딸에게 지혜롭게 대처하는 방법을 가르쳐 주거나 사위에게 유화 정책을 씀으로써 사위 스스로 마음을 돌이키도록 했음을 고사(古事)를 통하여 알 수 있다. 절대로 부부 싸움에는 제삼자를 개입시켜도, 제삼자가 개입해서도 안 된다.

 '부부 싸움은 칼로 물 베기이다', '하룻밤 자고 나면 다 해결된다', '싸울수록 정이 든다' 등 우리는 부부 싸움을 다소 낭만적이고 달콤한 말로 정의해 왔다. 그러나 약간의 설전(舌戰)과는 달리 전쟁 상황이 크고 심각할 경우 패배한 쪽은 모든 걸 빼앗기고 굴욕을 감수해야 하는 것이 부부 싸움이다. 극도로 화가 치밀어 상대를 죽이고 싶고, 그동안 주었던 모든 걸 다 돌려받는 것은 물론이요, 상대가 가진 걸 모두 빼앗아야만 다소나마 이혼하는 것에 대해 분이 풀릴 것 같다. 아니, 할 수만 있다면 사회적으로 완전히 매장시켜야 그동안의 헌신과 사랑의 보답으로 돌아온 상대의 배신 행위에 대해 조금이나마 보상이 되겠다는 사람들을 본다. 바로 이것이 부부 싸움의 실체이다. 즉 부부 싸움도 결국 다른 싸움의 실체와 조금도 다르지 않다는 것이다.

 그러므로 부부 싸움에 돌입하기 전에 싸움의 목적과 목표를 설정하고, 그에 따라 치밀한 전략을 세우고, 정보를 수집하고, 힘을 기르고, 무기와 군량미를 완벽하게 준비하고, 다양한 전법을 개발해야 승리를 보장받을 수 있다. 그렇지 않고 감정적으로, 충동적으로 전쟁에 임했을 때 패배는 불 보듯이 분명하다. 설사 기적적으로 승리한다 해도 그 싸움으로 인해서 엄청난 손해를 입고, 육체적 피해와 정신적 상처를 감수해야 한다면 그것은 승리라 할 수 없다. 떨쳐버리지 못하고 마음속에 쌓인 것이 많다면 전쟁에서 승리하고도 사실상 패배자가 되는 것이다.

이런 부부가 싸운다

1. 부부는 어느 한쪽의 희생을 요구해서는 안 된다

희생은 또 다른 희생을 요구한다. 부부 싸움을 하소연하는 부부가 있으면 사람들은 흔히 여자에게 참고 희생하며 살라고 한다. 그러나 자기가 한 만큼 상대에게 바라는 것이 인지상정이다. 자기가 상대를 위해서 희생하면 상대도 자기를 위해 어느 정도의 보상을 해주어야 공평하다는 생각이 밑바닥에 깔려 있는 것이다.

혼자서는 손이 닿지 않는 나무의 과일을 따기 위해 한 사람이 바닥에 엎드리고 다른 한 사람이 그 위에 올라가서 과일을 땄다고 가정해 보자. 함께 딴 과일은 마땅히 공평하게 나누어야 하고, 다음에 또 그런 일이 있을 때는 역할을 바꿔야 한다는 것이 보통 사람들의 상식이다.

그러나 "이 과일은 내 손으로 땄으니 내 것이다. 너는 단지 엎드려 있기만 했으니 하나만 가져라."는 식으로 나온다면 문제가 발생하지 않을 수 없다. "너는 계속 엎드려 있다가 내가 선심으로 던져 주는 것만 받아 먹어라."고 한다면 어느 누가 웃고만 있겠는가?

공평하게 분배를 한 다음 서로의 역할을 인정하고 자기 몫에서 떼어 주는 것이 인정이다.

"나는 든든하게 밥을 먹었지만 당신은 배가 고플 것이니 더 가져가라.", "나는 몸이 튼튼하고 당신은 몸무게가 얼마 나가지 않으니 내가 밑에서 당신을 받치겠다." 이런 것이 봉사와 협조이다. 즉 밑에서 엎드리는 역할을 하겠다고 스스로 자원해서 할 때는 문제가 다르다. 전자의 경우가 희생이라면, 후자의 경우는 봉사와 협조다. 상대에게 희생을 요구하는 사람은 결국 자기 희생을 자초하는 것이다.

2. 부부 관계는 서로를 구속하지 않는 결합의 관계여야 한다

구속의 관계는 상대를 억압하고 복종과 희생을 요구하는 관계, 상대가 자의가 아닌 타의에 의해 할 수 없이 행동하게 하는 관계이다. 결합의 관계는 사랑을 기반으로 해서 무엇을 하더라도 자의적으로 봉사하고 협조하는 관계이다. 자기가 원하는 부부 관계가 어떠한 관계인지를 정확히 파악하여 상대를 대해야 한다.

3. 부부는 적이 될 수 있지만 원수 관계가 되어서는 안 된다

부부는 일생을 함께하는 동반자, 뜻을 같이 하는 동지, 변함없는 우정을 나누는 친구, 가끔은 이성을 마비시켜 환상적인 기분에 취하게 해주는 애인이다.

또한 부부는 살아가면서 서로 적이 되어 싸울 수도 있다. 적과는 싸움 뒤에 동지가 될 수도 있지만, 원수 간에는 대를 이어 원한을 물려주므로 화해가 불가능하다. 그러므로 부부는 절대 원수가 되지 않도록 해야 하고, 원수가 될 정도로 두 사람의 관계가 악화된다면 원수가 되기 전에 차라리 헤어지는 것이 본인이나 아이들, 양쪽 집안을 위해서 바람직하다.

4. 부부는 스승과 제자의 관계가 아니다

성인이 되어 가정을 이룬 부부간에는 누가 누구를 가르친다, 잘못된 데를 고쳐서 데리고 산다는 따위의 생각과 행동, 말을 해서는 안 된다. 아내를 구타한 남편들의 자기 변호를 들어보면 이구동성으로 "아내를 사랑하기 때문에 잘못을 고쳐 주고 가르쳐서 데리고 살려고 생각했다. 정말 이혼을 생각했으면 구태여 잘못이나 결점을 힘들어서 고치려고 하지도 않았을 것이다."라고 말한다.

그러면 태권도나 유도 유단자인 아내가 남편의 행동이 자기 마음에 들지 않고 잘못하는 일이 있을 때는 어찌해야 할까? 사랑하기 때문에 고쳐서 함께 살기 위해 남편을 손봐도 되지 않겠느냐고 물으면 어떻게 여자가 남편을 가르친다고 구타할 수 있느냐, 말도 안 되는 소리라면서 그런 상식 밖의 말을 하는 사람이 어떻게 부부 관계 상담을 할 수 있느냐고 화를 벌컥 낸다. 그러면 남자는 인간이고 여자는 인간이 아니냐고 물으면 여자도 남자와 같은 인간이라는 데는 이견이 없다고 한다.

자기는 아내를 사랑하기 때문에 가르친다고 구타하면서, 아내가 남편을 구타한다는 것은 상상조차 할 수 없다는 말을 어떻게 받아들일 수 있을까? 진정 아내를 사랑한다면 같은 인간끼리 사랑으로 하는 행동을 남편도 온몸으로 받아들일 수 있어야 하지 않을까?

5. 부부는 심문관과 죄수의 관계가 아니다

남편은 아내를 항상 죄인 취급하면서 오늘 하루 종일 뭘 했는지 이실직고하라는 식으로 추궁하고, 심심풀이 삼아 가계부를 들춰보면서 생활비 지출 내역을 세무조사 하듯 걸고 넘어져서는 살 수 없다.

남편은 나를 죄인 취급하고, 정신박약아 취급하고, 노예 다루듯 막 다그친다. 밖에도 못 나가게 하고, 이웃 여자와 이야기하는 것조차 싫어한다. 여자들이 몰려다녀봤자 화투 치고 남편 흉이나 보지 별 수 있느냐면서 여자들을 싸잡아 무시한다. 직장 이야기라도 꺼낼라치면 네까짓 게 벌어야 몇 푼이나 되느냐면서 화를 낸다. 나를 집에 꼼짝 못하게

묶어두면서, 자기는 술 마시고 늦게 들어오고, 다른 여자도 사귀고, 밖에서 얻어맞은 일로 안에서 화풀이하고, 괜한 트집을 잡아 시비한다.

 나를 꼼짝 못하게 하고 싶으면 자기가 집에 일찍 들어오고, 오손도손 가족들과 함께 지내고, 웃으면서 대해 주고, 생활비라도 여유 있게 준다면 다소 자유를 구속당하는 기분이 들더라도 참고 살겠다. 아내만 모든 걸 잘못하고 자기는 세상에서 제일 똑똑한 사람인 양 행세하는 이런 감옥에서 더는 살 수 없다. 아이들은 내가 맡을 테니 헤어지자고 하면 남편은 죽었다 깨어나도 이혼은 안 된다고 한다.

 가정은 사랑을 기반으로 한 안식처가 되어야 한다. 그런데 이처럼 가정이 감옥이라면 가족 모두가 불행해진다. 어느 누가 감옥에서 하루라도 더 살고 싶겠는가?

6. 부부는 십자가를 지우는 관계가 아니다

"네 과거의 잘못을 용서해 주었으니 그 은혜를 잊으면 인간도 아니다."라면서 생색을 내는 남편 또는 아내가 많다. 심심하면 배우자의 옛날 잘못을 들춰내고, 자기가 잘못하는 일이 있으면 꼭 그때의 일을 언급하면서 "이게 네 인과응보다. 너는 이런 일을 당하고 살아도 싸다."라는 식의 태도를 보인다면 제대로 된 가정이라 할 수 없다. 특히 상대의 부정한 행위를 용서해 주었거나 많은 빚을 져서 가정 경제가 파탄에 이르렀을 때 그걸 해결해 준 아내나 남편은 상대에게 십자가를 지우는 일이 많다.

평등한 동반자의 관계여야 하는 부부가 한 번 용서해 준 과거의 잘못을 빌미 삼아 평생 상대에게 십자가를 지운다면 그것은 자신도 스스로 십자가를 지는 것에 다름아니며, 그 무거운 짐 때문에 결국은 함께 쓰러질 수밖에 없다.

7. 부부는 보호자와 피보호자의 관계가 아니다

부모님이 나는 철이 없으니 나이 차이가 많은 남자와 혼인해서 살아야 행복하게 살 수 있다, 동갑이나 한두 살 나이 차이가 나는 남자와 결혼하면 서로 싸우고 양보하지 않아서 살기가 힘들 것이다, 나이 차이가 많이 나면 내가 잘못을 해도 남편이 이해하고 감싸 주고 귀여워하고 사랑해 줄 것이라고 권유해서 10살 연상의 남자와 혼인을 했다. 그런데 부부생활을 해보니 남편이 나를 감싸 주고 이해하기는커녕 자신과 나의 나이 차이가 얼마인데 감히 말대답이고 대드느냐면서 아버지가 딸 나무라듯이 한다. 그리고 나는 아무것도 모르니 무조건 자기 말에 따르라고 한다. 동갑내기 남자와 결혼한 친구들은 남자가 가사일도 도와주고, 아이도 돌봐주고, 취미생활도 함께 한다는데, 남편은 가사일이나 아이들 양육은 여자들이 할 일이지 남자는 절대 해서는 안 된다는 사고방식을 가지고 전혀 도와주지 않는다. 내가 다른 일을 하면서 밥상 다 차려놓았으니 보온밥통에서 밥만 퍼 먹으라고 해도 남자를 뭘로 알고 그런 일을 시키냐면서 야단이다. 그리고 시집에는 매일같이 문안 전화하고 자주 가라고 하면서 친정에 행사가 있어 가자고 하면 화를 내고 어쩌다 한 번 다녀와도 여자가 친정을 자주 가면 안 된다면서 친정을 무시한다. 나를 자기 아내로 생각하지 않고 자기 수하 사람 정도로 생각하는 것 같다. 조선시대도 아니고 이런 대접을 받고 살고 싶지 않다.

나이 차이가 많으면 세대 차이가 나서 대화가 통하지 않고 공감대가 형성되기 어려워 원만한 부부 관계를 영위하기가 어렵다. 우리나라 남자들은 일반적으로 나이가 많은 사람일수록 민주적 의식 교육이나 생활보다 가부장제적인 의식과 생활습관에 더 오랫동안 길들여지고 교육되었기 때문에 나이가 적은 사람보다 더 권위주의적이고 독선적일 수밖에 없다. 해방 전의 세대가 가부장제 의식이 더 강하고, 해방 후 세대 중에서도 최근에 태어나서 교육을 받은 신세대보다는 나이가 많은 세대가 가부장제 의식이 더 강해서 여자를 자기 종속물로 생각하는 경향이 강할 수밖에 없다.

부부는 일생을 함께 살아가는 동반자로서 동격의 관계이다. 상사나 부하 직원의 관계도 아니고 보호자와 피보호자의 관계 또는 아버지와 딸의 관계도 아니다. 아내는 애완동물이 아니다. 귀여움을 받기 위해서 결혼을 하면 안 된다. 사랑을 기반으로 해서 같은 인간으로서의 존엄이 똑같이 인정되고 인격이 존중되는 관계로서 부부 생활을 하기를 원한다면 나이 차이가 많으면 남편에게서 귀여움을 받고 살 수 있다는 말을 믿고 결혼을 해서는 안 된다. 실제로 나이가 많은 남편의 경우 어린 아내를 감싸고 양보하고 이해하기보다 지배하고 군림하고 나이로 억누르려 하는 경향이 많다.

행복한 가정이냐, 이혼이냐?

사소한 일로 시작한 부부 싸움일지라도 싸우는 목적이 무엇인지를 분명히 해 둘 필요가 있다.

- 현재의 부부 관계를 유지하며 행복하게 살고 싶은가?
- 이번 기회에 분명히 이혼을 해 버릴 것인가?

부부 싸움의 목적이 무엇인지를 분명히 했으면, 그 목적에 따라 확실한 목표를 설정해야 한다. 자기 마음을 분명히 확인해서 부부 싸움의 목표와 전략, 전술을 짜야 한다. 아무 생각 없이 얼떨결에 싸움을 한다면 자신의 목표와는 전혀 상반되는 결과가 초래되어 나중에 가슴을 치고 후회해도 이미 엎질러진 물인 것이다. 인간다운 삶을 영위하며 행복한 가정을 이루고 살겠다는 생각과는 정반대의 행동을 하여 가정을 파탄으로 이끄는 부부들이 의외로 많다.

    셋방에서 결혼 생활을 시작했다. 집 하나만 마련하면 주인 눈치 보지 않고 아이들을 기를 수 있고, 온 가족이 인간다운 생활을 하며 행복한 가정을 이룰 수 있을 거라고 생각했다. 그 목표를 향해 쌀 한 톨을 나누어 먹을 정도로 절약하고 또 절약하여 지금의 23평 아파트를 장만했다. 이제 목표는 32평이다.

    그런데 남편이 이에 협조하지 않는다. 나는 먹는 것, 입는 것 아껴 가면서 식구들이 좀더 윤택하고 넓은 공간에서 살 수 있게 하려고 애를 쓰는데 남편은 사교비, 경조비, 시집의 대소사에 하나도 빠지지 않고 돈을 쓰려고 한다. 그래서 저축 계획에 차질이 있어 목표한 32평 아파트를 마련할 동안만 전처럼 절약하면서 살자고 하면 남편은 느닷없이 화를 벌컥 낸다.

    "23평 아파트면 우리 네 식구한테 충분하지. 셋방에서 11평으로, 11평에서 18평으로 그리고 23평으로 왔어. 23평 아파트만 장만하면 친척, 친지들과 오가면서 사람의 도리를 제대로 하자고 약속했는데, 이제 또 32평으로 갈 때까지 그런 식으로 살자하면 앞으로도 끝이 없을 거야. 32평으로 가면 또 40평으로 이사할 때까지 참자고 하겠지. 좀더 인간답게, 온 가족이 행복하게 살기 위해서 넓은 집을 가지려고 했는데 결국은 온 가족이 집의 노예가 되고 말았어. 나도 이젠 사람 사는 것처럼 살고 싶어. 당신이 계속 집 넓히는 데만 집착해서 가족의 건강은 아랑

곳없이 반찬 값 몇 푼까지 아끼고 경조비 내는 것조차 싫어하면서 돈만 밝힌다면 더는 같이 살고 싶지 않아. 집을 택하든지, 나를 택하든지 양단간에 택일하라고."

내가 더 큰 집을 장만하려는 이유가 무엇인가? 식구들이 좀더 넓은 공간에서 편안하고 행복한 삶을 살게 하려고 애를 쓰는데 남편은 이렇게 답답한 소리만 하고 있다.

나는 이 이야기 속의 부인에게 온 가족이 행복하게 살려면 지금 사는 집에서라도 인간의 도리를 하고 살아야지 그렇지 않고 집 늘리는 데만 집착하면 남편이 이혼을 불사하겠다고 하니 5년 안에 집 늘려 가려고 하는 계획을 10년으로 연장하고 남편이 원하는 대로 하면서 이 위기를 극복하라고 권유했다. 그러나 그녀는 이혼하는 한이 있어도 자기 계획을 수정할 수 없다며 고집을 피우고 조금도 자기 주장을 굽히려 하지 않고 남편이 달라는 돈을 한 푼도 줄 수 없다고 했다.

이 부인처럼 돈과 집에 너무 집착하다 보면 돈을 모으는 과정에서 원래의 목적을 잃어버리는 경우가 많다. 그러면서도 그 사실을 깨닫지 못한다. 남편이 그토록 강경하게 나온다면 집 늘려 가는 계획 기간을 조금만 연장하고 남편의 요구에 적절히 타협하면서 위기를 극복하는 게 좋지 않겠느냐고 충고하면, 자기는 이혼하는 한이 있어도 한 번 세워 놓은 계획을 바꿀 수 없으며 절대 남편에게 돈 한 푼 줄 수 없다고 고집한다. 가정의 불화를 가져온 사람은 자기가 아니라 남편이라며 가정을 위해서 희생을 감수한 보답이 겨우 이거냐고 눈물짓는다.

이혼을 목적으로 부부 싸움을 시작하는 사람은 없다. 부부 싸움의 원인과 목표가 무엇인지 다시 한 번 생각해 보고 서로 조금씩만 양보한다면 이혼 같은 불행한 사태는 절대 일어나지 않는다. 물론 이혼만이 유일한 해결책인 경우도 있지만 그럴 정도로 부부 사이가 좋지 않다면 구태여 부부 싸움을 할 필요도 없다.

올바른 부부관

올바른 정보는 승리를 보장하고, 잘못된 정보는 패배로 인도한다. 그러므로 싸움에 있어서 정확한 정보 수집은 가장 중요한 요소이다. 부부관에 대한 바른 정보를 입수하여 이용하면 행복한 가정을 전리품으로 획득할 수 있다.

1. 부부란 자기의 의지로 자유로이 선택한 가족으로, 법적으로 맺어진 인륜의 관계다

부모·형제들은 자기의 의지와는 상관없이 맺어진 혈연 가족으로 천륜의 관계이다. 이렇게 자기 의지와는 상관없이 맺어진 가족에 대해서도 비록 불만이 있지만 사랑과 이해로 감싸고 협조하고 도와주어야 하는데, 자기 자신의 의지로 선택한 가족이라면 가족으로 존재하는 한 혈연 가족보다 더욱더 이해하고 사랑하고 감싸주어야 한다.

인간은 강제된 선택에서와는 달리 자기의 자유로운 선택에 대해서는 다소 불만이 있더라도 내놓고 불평할 수 없고, 남에게 책임을 전가할 수도 없으며, 자기 선택에 대한 책임을 자신이 온전히 져야 한다. 쿠데타로 정권을 강탈한 군사정권에 대해서는 기회가 있을 때마다 규탄하고 잘못을 지적해 내지만, 문민정부에 대해서는 다소의 실수가 있어도 애교로 보아주고 감싸며 보완하도록 시간을 두고 기다려 주는 아량이 베풀어지는 것은 그 선택을 우리가 했기 때문이다. 그러므로 자연 혈연 가족에 대해서 불만이 있으면 하늘이라도 원망할 수 있지만 자기의 의지로 선택한 가족에 대해서는 자신이 가족으로 선택한 이상 누구를 원망할 수 없고 책임 전가를 할 수도 없다. 자신이 책임을 지고 자기가 원하는 부부 관계를 이루어 나가야 한다.

또한 부부 관계에서는 자신이 상대를 자기의 가족으로 선택할 권한을 가졌듯이 그 가족 관계를 해소할 권한도 가지고 있다. 혈족 관계나 주인과 노예의 종속 관계처럼 죽도록 증오하면서도 해소할 수 없는 강제적인 관계가 아니다.

2. 부부는 무촌(無寸)이다

자기의 잘못을 무엇이나 이해하고, 웃어주고, 귀엽게 봐주던 남편이 어느 날 갑자기 트집을 잡고 남처럼 냉정하게 굴면서 몰상식하고 예의를 모르는 여자와는 살고 싶지 않다고 한다면서 이렇게 사람이 변할 수 있냐며 울면서 호소하는 아내들을 보게 된다.

부부는 사이가 좋을 때는 부모나 자식보다도 가까운 무촌이다. 부모와 자식 사이에도 법으로 1촌인데, 부부는 촌수가 계산되지 않는 무촌인 것이다. 그러나 한 번 사이가 나빠져서 등을 돌리면 촌수가 없는 무촌이다. 부부는 항상 이 이중적 관계를 인식하고, 지혜롭게 대처하며, 서로 예의를 지키고 살아야 한다.

3. 부부는 둘이 모인 하나다

부부는 전혀 다른 각자의 개성과 특성을 가지고 있는 두 사람이 모여 하나를 이룬 관계이다. 두 손을 깍지끼었을 때처럼 두 손은 그대로 존재하면서 깍지낀 부분만 합해져서 하나로 보이는 것과 같은 이치이다. 그러므로 부부가 되었다 해서 진흙덩이 둘을 합친 관계처럼 잘못 인식하여 상대의 개성과 인격을 무시하고 자기 식대로 하나가 되기를 강요할 경우 그 부부 관계는 원만할 수가 없다. 행복한 가정 생활을 유지하기 위해서는 상대를 있는 그대로 존중하고, 인정하고, 두 사람이 살아가면서 서로 도움이 되는 질서와 힘을 시간을 가지고 만들고 키워 나가야 한다.

4. 부부는 서로의 반신을 채워 주는 관계다

흔히들 부부는 반쪽이 합쳐서 하나를 이룬 것이라고 한다. 또 많은 사람들은 혼인을 하면서 상대가 자기의 부족한 점을 채워 주고 보완해 주리라 생각한다. 그래서 미혼 시절에 이루지 못한 일이 결혼을 하면 다 이루어지리라는 핑크빛 환상을 가지는 사람들이 많은데, 특히 여자들이 더 그렇게 생각한다.

그러나 막상 결혼을 하고 보니 상대가 자기의 반신을 채워 주는 것은 고사하고, 자신에게 수없이 많은 요구를 하면서 자기가 기대했던 것은 하나도 해 주지 않는다. 이런 현실에 직면하면서 완전히 사기당

한 기분에 배신감까지 겹쳐 결국 회복이 불가능한 부부 관계로 치닫게 되고, 급기야는 이혼에까지 이르는 부부도 많다.

하나님이 결혼했다는 말을 들어보지 못했듯이 인간이 신처럼 완벽하다면 결혼하지 않고 혼자 살 것이다. 그러나 인간은 신처럼 완벽하지 못하고 다소 부족한 점이 있기 때문에 자기에게 맞는 반쪽을 찾아 결혼하고 서로 부족한 점을 채워 가면서 인생을 살아가는 것이다. 내가 상대에게 나의 부족한 점을 채워 주리라 기대했듯이, 상대도 자기의 부족한 점을 내가 채워 주리라 기대했으리라는 것을 왜 깨닫지 못하는가?

내가 남에게 대접받기를 원하면 먼저 남을 대접하라는 말이 있다. 행복한 가정을 이루고 싶다면 또는 상대가 나의 반신을 채워 주기를 원한다면 자신이 먼저 상대의 부족한 점을 채워 주어야 한다.

5. 부부는 부모를 떠나 한 몸을 이루는 관계다

성경 창세기 2장에서는 "결혼은 남녀가 부모를 떠나 연합하여 한 몸을 이루는 것이다."라고 부부 관계를 정의하고 있다. 신·구약을 읽어 보면 부모에게 효도하라는 구절이 수없이 많이 나오고 있다. 그런데 창세기 2장에는 결혼은 부모를 떠나는 것으로 기록되어 있다. 이것은 남녀가 성장하면 부모를 떠나 자신이 책임지는 가정을 이루어 독립적으로 사는 것이 자연의 섭리라는 것을 알려 주고 있는 것이다.

남녀가 일단 결혼하면 정신적·육체적으로 부모에게서 완전히 독립해야 하고, 부모에 대해서는 효도를 해야 한다는 것을 의미한다. 즉 함께 사는 사람은 배우자요, 모시는 사람은 부모인 것이다. 모시는 분은 한 집에서 모실 수도 있고 다른 집에서도 모실 수도 있지만, 부부는 항상 함께 살아야 하는 게 순리(順理)이고 자연의 섭리다. 따라서 부모님을 한 집에 모시지 않겠다는 아내와 헤어질 수는 있어도 부모와 따로 살 수는 없다고 하는 사람은 자연의 섭리나 결혼의 본질을 알지 못하는 사람이다. 그런 태도와 가치관을 버리지 않는 한 누구와도 원만한 부부 관계를 영위할 수 없다.

6. 부부는 한 팀(team)이다

부부는 스포츠에서 말하는 한 팀이라 할 수 있다. 야구 경기를 예로 들어 결혼을 설명하자면 어느 한 사람이 자기가 머물던 구단을 나와 다른 구단으로 옮기는 것이 결혼은 아니다. 한 사람은 이 구단에서, 다른 한 사람은 저 구단에서 나와 서로 자유로운 의사의 합치로 두 사람이 공동 주주가 되어 새 구단을 만드는 것이 결혼이다. 새로 창단된 구단은 전략과 규정을 새롭게 정해서 사용해야지 옛 구단의 전략과 규정을 그대로 쓸 수는 없다.

결혼해서 새로운 가정을 이룬 부부는 부모들의 가풍을 그대로 답습해서는 안 되고 마땅히 자기 고유의 가풍을 만들어야 한다. 또한 새로운 구단을 창설, 운영할 정도로 능력과 힘을 키워 준 옛 구단에 대한 은혜를 잊어서는 안 되며, 그렇다고 계속해서 정신적·경제적으로 그들에게 의존해서는 안 된다. 정신적·경제적으로 자립한 후 부모에게 효도해야 함은 누구나 다 알고 있는 도리이다.

옛날에 자신이 속해 있던 구단과 다른 구단이 싸울 때는 함께 가서 열심히 돕고 응원하는 것이 인지상정이다. 그러나 우리 구단과 이전에 속했던 구단이 경기를 할 때는 우리 팀이 이길 수 있도록 팀원이 하나가 되어 혼신의 힘을 다해 싸워야 한다. 그런데 옛 구단에 대한 은혜나 의리 때문에 오히려 우리 팀의 전략과 정보를 상대 구단에게 알려 준다든가 최선을 다해 경기를 하지 않는다든가 하면 새롭게 창단된 구단은 와해될 것이다. 이제 와서 다시 옛 구단으로 들어갈 수도 없고, 또 그곳에서 받아 주지도 않을 것이다. 배우자 중 한 사람이 자기 부모 형제와 다툼이 생기거나 의견이 대립되었을 때 자기 부모 형제의 편을 들어서는 근원적인 문제가 해결되지 않는다. 일단은 자기 배우자와 한 팀이 되어 그 문제를 풀고 해결해야 한다는 것이다.

현재는 모 기업체의 사장인 K씨가 나에게 들려준 그의 신혼 시절의 이야기는 그 적절한 예라 할 수 있다.

8살 연하인 아내는 대학 2학년 때 나와 선을 보고, 사윗감이 너무 욕심 난 친정어머니에게 등 떠밀리다시피 하여 그 다음해에 결혼했다. 아내는 너무 어렸기 때문에 살림은 물론이요 시골 종가의 맏며느리 역할을 해내기에는 철부지였다.

신혼 초에 셋방살이를 할 때 아내와 동갑인 시동생이 같이 살고 있었는데 어느 날 시골에서 어머니가 올라오셨다. 이 철없는 아내와 시동생은 텔레비전을 보다가 사북탄광에 매몰되었다가 16일 만에 살아나온 사람이 양창선이네 김창선이네 하며 어머니 앞에서 언성을 높이고 다투었다. 평소에는 형수의 말에 대들지 않던 시동생이 자기 어머니 앞이라 그랬는지 계속 자기 주장을 굽히지 않고 대들자 아내는 약간 기가 꺾이는 기분이었다. 그때 초인종 소리가 울렸고 '옳지, 남편이 왔구나' 생각한 아내는 자기 편이 생겼다는 생각에 줄어들던 목소리를 다시 높였다.

집에 들어와 그 광경을 본 나는 동생에게 형수는 형과 동격인데 형을 무시하지 않는다면 이렇게 버릇 없이 형수에게 대들 수 있겠느냐며 야단을 쳤다. 그리고 이번에는 아내를 데리고 방으로 들어가 부모님이 돌아가시면 맏형 부부가 부모님 역할을 해야 하는데 어떻게 철없이 시동생과 그런 일로 아이들처럼 다툴 수 있느냐면서 조용히 야단을 쳤다.

평소 아내가 "어머니와 내가 물에 빠지면 누구를 먼저 건질 거예요?" 하고 농담처럼 물어보면 대답을 하지 못하고 눈에 물빛을 보이면서 "어머니를 생각하면 가슴이 저려요. 나에게는 잘못해도 되지만 어머니에게는 잘 해 주시오."라고 할 정도로 어머니를 극진히 생각하는 내가 이 일에 대해서는 어머니에게 아무 말도 없이 출근을 했다. 그러자 어머니도 화가 나서 3일 동안 아무 말도 하지 않고 식사도 하지 않으셨다. 아내가 잘못했다고 빌고, 목욕탕에 모시고 가서 목욕도 시켜 드리고, 손발톱 다 깎아 드리고 해서 간신히 마음을 푸시게 만들었다. 그리고 나에게 돈을 타서 옷도 한 벌 해 드리고, 남산도 구경시켜 드리고 해서 마음이 풀려 시골로 내려가셨다.

지금도 마찬가지지만 35년 전에 남자가 자기 어머니가 올라와 계신 자리에서 남동생과 아내가 다툼을 했는데 아내 편을 들어서 자기 동생을 나무랐다는 것은 대단한 일이 아닐 수 없다. 보통 남자라면 철부지인 아내에게 오랫만에 시골에서 올라오신 시어머니 앞에서 시동생하고 그렇게 싸울 수 있느냐면서 야단을 쳤을 것이고, 그러면 아내는 분해서 남편을 원망했을 테고, 시어머니와 시동생과의 사이도 껄끄러워졌을 것이다.

부부는 한 팀이다. 따라서 친가 식구들과 배우자 간에 다툼이 일어났을 때 K씨의 사례처럼 일단은 배우자와 한편이 되어 문제를 해결해야 한다. 그래야 근원적으로 해결이 되어 K씨의 부인처럼 스스로 깨달아 시어머니에게 사과하고 시동생에게도 더 잘하는 것이다. 물론 남편과 친정식구의 관계에서도 마찬가지로 적용되는 원리이다.

7. 부부는 일생을 함께하는 동반자다

부부는 죽음이 그들을 갈라놓을 때까지 일생을 함께하는 동반자다. 동반자 관계란 부부 중 어느 한쪽이 더 많은 권력이나 권위를 소유하지 않고, 또한 오랜 기간 동안 지켜 온 남성과 여성의 전통적인 분업을 고수하지 않으며, 누구도 지배당하지 않으면서 지배하지도 않는 것이다. 부부 각자의 인간적인 성장이 보장되고, 부부가 크고 작은 일 또는 역할을 구별하지 않고 함께 분담해 가는 관계이다. 각자가 전통과 권위에서 해방되어 자유로워진 만큼 서로 협조해 가면서 교양과

합리적인 지성의 개발, 자율적 행동 능력과 책임감, 합리적 판단력과 같은 새로운 부부 윤리를 창조하고 개발하는 관계이다.

동반자 관계는 서로 깊은 애정이 넘쳐야 한다. 하지만 이러한 애정은 '내 가족', '내 자녀' 라고 하는 좁은 의미의 편협한 이기주의에서 솟아나는 애정이 아니라 한 사람이 가진 잠재적 가능성을 최대한으로 발휘하고 인생의 목표를 달성하려고 하는 데 대한 깊은 이해와 인간적인 사랑에서 나오는 것이어야 한다.

8. 부부는 둘이 합해서 100점을 이루는 관계다

선현들이 '부부는 둘이 합해서 100점을 이루는 인간 관계다. 부부 생활을 하면서 어느 한 편이 80점의 역할을 하면 다른 한 편은 20점의 역할을 하게 된다. 그러므로 서로가 50점씩의 역할을 하는 부부 관계가 가장 바람직한 부부 관계' 라고 하신 말씀을 책들을 통해서 읽을 때에는 이 말이 무슨 말인가 이해하기가 어려웠다. 그런데 오랫동안 부부 관계 상담을 하면서 그 뜻을 이해하게 되었다. 배우자 중 한 사람이 한 푼이라도 아끼려 하면 그 상대방은 경제 관념이 희박하고, 한사람이 가정 생활, 아이들 교육 등에 전력을 기울이고 가족을 위해서 완전히 희생하면서 살면 다른 일방은 자기 생활을 즐기고 가정 생활에 소홀해 이를 견디지 못해 상담을 요청해 오는 분들이 많았는데 이들을 만나면서 선현들이 남겨 주신 말씀이 진리임을 깨닫게 된 것이다.

예를 들어 의사의 경우 부인이 전업주부일 경우 남편인 의사가 가정 경제에 대한 책임을 전적으로 부담하고 생활하는 데 비해, 부부 두 사람 다 의사인 경우 부인의 수입으로 가정 경제에 대한 책임의 대부분을 부담하고 남편은 대외적인 사교생활 등에 자기의 수입을 소비하는 경우가 많아 이를 견디지 못해 상담을 요청해 오는 부인들이 많았다. 평강 공주처럼 부부로 처음 만날 때는 5점짜리였던 남편을 자신과 평등을 이룰 수 있는 50점짜리 남편이 되도록 지혜롭게 대처하고 도와주어 합해서 100점을 만드는 부부 관계를 형성할 때 원만한 부부 관계를 유지할 수 있다. 부부 관계는 각자 100점이 되는 200점의 관계가 이루어지지 않는 관계라는 점을 빨리 깨달을 때 본인이 원하는 행복한 부부 관계를 이룰 수 있다.

왜곡된 부부관

부부관에 대한 왜곡된 정보를 사용하면 싸움에서 패자가 될 뿐 아니라 불행을 자초한다.

1. 남편은 하늘, 아내는 땅이다

이런 잘못된 부부관을 가지고 살아가면 살면서도 화목한 부부 관계를 유지하기 어렵고, 만약 이혼하는 경우에는 하늘이 무너지고 땅이 꺼지는 것 같기 때문에 새로운 길을 가지 못하고 계속해서 전 배우자를 할퀴면서 본인 자신도 상처를 입는 불행한 삶을 살아가게 된다.

부부는 타인으로서 법적으로 맺어진 가족이다. 그러므로 가족으로 사는 한은 서로 부족한 점을 보완하면서 최선을 다해 살아가는 인간

관계가 되어야 한다. 사장과 종업원이 고용 계약을 맺고도 이해 관계가 맞지 않으면 서로 합의해서 또는 일방적으로라도 그 관계를 해소할 수 있듯이 부부 관계도 언제든지 그럴 수 있다. 옛날의 주인과 노예 관계처럼 종속 관계나 재산이 아닌 것이다. 그러므로 한쪽이 다른 쪽을 평생의 소유물로 생각하거나 또는 반대로 한쪽을 하늘이나 땅으로 생각해서도 안 된다.

배우자를 하늘이나 땅으로 생각하면 서로에게 무슨 일이 있을 때 하늘이 무너지고 땅이 꺼지는 느낌이 들어 눈에 아무것도 보이지 않게 되어 무슨 일이 일어날지, 자신이 무슨 일을 할지 모르게 된다. 요즈음 이혼한 남편이 아내는 물론 처가 식구까지 죽여 버리는 극악한 사건들을 접하면서 우리도 이제는 하루 속히 인간은 만났다가 헤어질 수 있고 그 사람이 아니라도 더 나은 삶을 살 수 있다는 사실을 인정하는 사회 분위기를 만들어야 하지 않을까 생각한다. 물론 결혼하면 최선을 다해서 살아야 한다는 것을 전제로 해야 할 것이다.

2. 아내는 의복과 같아 새 옷으로 갈아입을수록 좋다

아내와의 관계는 인륜의 관계요, 부모·형제와의 관계는 천륜의 관계이다. 인간은 이 중 어느 하나라도 소홀히 하면 참된 인간이라 할 수 없다. 일생을 함께 가는 동반자인 아내를 한낱 옷 같은 물건에 비유하는 비인간적인 생각과 말이 우리 사회에서 존재하는 한 인간을 무시하고 물건처럼 대하는 태도나 행동은 항상 있을 것이다. 인간을 물건에 비유하는, 더구나 자기의 반신이요 동반자인 가장 귀중한 사람을 농담으로라도 그런 식으로 표현하는 태도는 이 사회에서 완전히 불식되어야 건강하고 행복한 가정과 사회를 이룰 수 있다.

3. 여자는 출가외인으로 남자 집안의 가풍을 따라야 한다

현행법은 호주를 중심으로 가(家)를 이어가던 호적 제도를 폐지하고 남자든 여자든 각자 개인이 중심이 되는 신분등록 제도를 시행하고 있다. 즉 현행 신분등록 제도(구 호적)에서는 여자가 결혼하면 원래 속했던 집에서 나와 남편의 집으로 옮겨가는 것이 아니고 여자든 남자든 자신이 중심이 되어 편제된 혼인관계등록부에 배우자가 누구라는 사실이 기재되는 것이다.

그러므로 부부는 자기들이 새롭게 이룬 가정에 합의하여 가정 생활에 도움이 되는 규칙(가풍)을 자신들이 스스로 만들어 가는 것이지 시대가 변하고, 법이 변하고, 가족 구성원이 완전히 달라진 시점에서 부모들의 가풍을 그대로 받아들이기는 어렵다. 만일 그것을 강제하려고 한다면 무리가 생기고 분란이 일어난다. 양가의 좋은 점을 취하여 자기들만의 고유한 가풍을 만들어 가야 할 것이다. 유교 윤리가 지배적이었던 지난 시대의 법도를 현재에 적용하려고 한다면 당연히 부작용이 따르게 된다.

4. 잘나고 능력 있는 남자는 열 계집이라도 거느릴 수 있다

현행 법률은 일부일처제를 채택하고 있다. 그리고 부부 모두 정조의 의무를 지켜야 한다고 규정하고 있다. 남편이든 아내든 타인과 간통하면 그 배우자가 고소했을 때 형사 처벌을 받도록 규정되어 있다. 또한 현대는 조선시대처럼 남자의 간통이 법으로 허용되거나 본처가 간통한 남편의 상대 여자에 대해 질투만 해도 칠거지악으로 다스리던 시대가 아님을 분명히 알아야 한다. 현행법은 아내를 두고 다른 여자와 간통하는 것을 범죄행위(犯罪行爲)로 규정하여 배우자의 고소가 있으면 형사 처벌하고 있다.

5. 나이 차가 많이 나는 남자와 결혼하면 귀염받고 사랑받는다

남편과 나이 차이가 많이 나면 아내가 잘못을 해도 이해해 주고 감싸 주고 귀여워하고 사랑해 줄 것이라고 주위에서 말해서 결혼했는데, 정작 결혼을 해 보니 감싸 주고 양보하고 귀여워하기보다 지배하고 군림하고 너는 어려서 아무것도 모르니 무조건 자기 말에 따르라며 나이로 억누르고 무시한다고 하소연하는 부인들을 자주 만나게 된다.

우리나라 남자들은 대체로 나이가 많은 사람일수록 가부장적인 의식과 생활 습관에 더 오랫동안 길들여져 있어서 아무래도 나이가 어린 사람보다 권위적이고 독선적인 요소가 더 많이 남아 있는 것이 일반적이다.

부부는 일생을 함께하는 동반자로 동격이다. 상사나 부하직원의 관계, 보호자와 피보호자의 관계가 아니며, 아버지와 딸의 관계는 더욱 아니다. 나이 차이가 많으면 세대 차이가 나서 대화가 통하지 않고 공감대가 형성되기 어려워 원만한 부부 관계를 유지하기가 쉽지 않다.

아내는 애완동물이 아니다. 귀여움을 받기 위해서 결혼하면 안 된다. 사랑을 기반으로 해서 같은 인간으로서 똑같이 존엄이 인정되고 인격이 존중되는 관계로 부부 생활을 하기 원한다면 나이 차이가 많으면 남편에게서 귀여움을 받고 살 수 있다는 말을 믿고 결혼해서는 안 된다.

6. 남편은 가정 경제를 책임지고 아내는 가사를 책임져야 한다

맞벌이를 하거나 실직을 한 남편들이 상담하러 와서 부인을 비난하는 일성이 결혼해서 아내가 자신에게 아침밥 한 번 제대로 차려 준 적이 없고, 시부모에게 따뜻한 밥상 한 번 차려 준 적이 없으며, 또 자기가 돈 좀 번다고 남편을 무시한다는 것이다. 그러면서 이런 여자와 살아야겠느냐고 문의한다. 반면에 여자들은 남편이 실직해서 자신이 가정 경제를 책임질 경우 남편이 해야 할 일을 하지 않아서 자기가 한다는 의식이 잠재되어 있어 자신도 힘들고 남편도 힘들게 하고 있다. 남자들은 직장이 없을 경우 자격지심 때문에 가사나 육아를 도우려 하지 않으며, 부인이 살림을 못하고 가족들을 잘 돌보지 못한다고 트집을 잡고, 집에서 살림만 하는 주부보다 더 많은 이중, 삼중의 고통을 안겨 주는 예가 많다.

　남자는 밖에서 일을 해서 가정 경제에 대한 책임을 지고, 여자는 가정 안에서 일한다는 역할 구분에 대한 장구한 인습에 의한 의식을 바꾸지 않는 한 남녀가 똑같이 교육을 받고 맞벌이를 하지 않으면 살기 어려운 현 사회에서는 남녀 모두, 특히 남자가 제일 고통을 받을 수밖에 없다.

부부 싸움도 유비무환

부부 싸움의 다섯 가지 기본 원칙
현행법상의 부부의 권리와 의무
현행법상 부부의 재산권
무기와 군량미 준비는 전쟁의 기본
무기 고르기
싸우기 전에 전리품을 정한다
남이 대체할 수 없는 배우자의 자리

부부 싸움의 다섯 가지 기본 원칙

병서에 보면 가장 잘 싸우는 방법은 맞붙어 싸우지 않고 상대방을 굴복시키는 것이다. 즉 백 번 싸워 백 번 이기는 것이 최선이 아니라 전쟁을 하지 않고 적을 굴복시키는 것이 최선이라는 것이다. 전쟁이란 상대방을 어떻게 굴복시키느냐에 있는 것이지 쳐부숴 버리는 데 있는 것이 아니다. 전쟁에서 전투는 최후의 수단에 불과하며 참혹한 전투를 하지 않고 적을 굴복시킬 수만 있다면 그보다 좋은 것은 없.

전쟁에 나가는 장수들은 기회만 있으면 그리고 힘만 있으면 먼저 적을 공격해 그들에게 항복을 받고 싶어하는 심리가 있는데 가장 잘 하는 싸움이란 싸우지 않고 적을 항복시키는 것이다. 전쟁은 이 방법, 저 방법으로 적을 항복시키려다 되지 않을 경우 마지막으로 쓰는 수단이라고 쓰여 있다.

더구나 부부간에는 함께 살든 이혼을 하든 평화적인 방법으로 상대에게 나의 뜻을 받아들이게 하고 공존공영(共存共榮)의 건전한 방법으로 목적을 이루어야만 진정한 승리자가 될 수 있다. 상대에게 수단방법을 가리지 않고 최대한 모욕과 상처를 주고, 이혼할 때는 모든 재산을 다 빼앗아 거지를 만들고, 사회에서 매장시켜야만 직성이 풀릴 것 같다는 사람이 많은데 이렇게 해서는 진정한 승리자가 될 수 없다.

진정한 승리를 거둘 수 있는 다섯 가지 기본 원칙은 다음과 같다. 첫째는 도(道)요, 둘째는 하늘(天)이요, 셋째는 땅(地)이요, 넷째는 장수요, 다섯째는 법(法)이다.

국가 간에도 싸움을 시작하려면 먼저 그 싸움의 도(道), 즉 대의명분을 깊이 생각해야 한다. 국내외적으로 대의명분이 서지 않는 전쟁은 그만큼 내부의 단결을 약화시키고 외부의 성원과 협조를 얻을 수 없다. 가정에서도 마찬가지다. 부부 싸움에서 대의명분이 없는 억지 주장으로 상대방을 굴복시킬 경우 설사 성공했다 하더라도 오래 가지 못한다.

예를 들면, 남자는 하늘이니 무조건 따르고 복종해야 한다거나, 사랑한다면 어떠한 잘못이 있어도 따지지 말고 눈감아 주어야 한다고 요구하는 경우, 이 다음에 큰 집을 장만하고 생활이 안정되면 부모님을 모시겠다면서 당장 생활 능력이 없는 부모님에게 생활비도 드리지 않는 경우, 대를 잇기 위해서 아들을 낳아야 한다고 다른 여자와 부정 행위를 일삼는 일 등은 대의명분이 서지 않는 것이다.

싸움을 하기 전에는 싸움의 목적이 가정의 윤리, 가족의 공동 이익과 복지에 도움이 되는가 아닌가를 생각해 보아야 한다. 대의명분 없이 일을 꾸미다 보면 위태롭고 불안한 자기 합리화에 그쳐 버린다.

　중국 사람은 하늘[天]이 우주만상을 지배한다고 믿었다. 인간으로서 최선을 다해서 꼭 좋은 결과가 나오리라 생각했는데 전혀 다른 결과가 나올 때 우리는 어떤 보이지 않는 힘이 있다는 걸 느끼게 된다. 봄·여름·가을·겨울 사시사철의 윤회를 인간의 힘으로 바꿀 수 없는 것과 마찬가지로 인생을 살아가노라면 희로애락(喜怒哀樂)의 윤회를 인간의 힘으로 조절할 수 없다는 사실을 깨닫게 된다. 자녀의 출

산, 재산의 증식, 배우자나 그 가족에게 인정받는 일 등이 자기 뜻대로 되던가? "모사(謀事)는 재인(在人)이요 성사(成事)는 재천(在天)"이라는 말이 있듯이 인간으로서 최선을 다하고 하늘의 뜻을 기다리는 여유 있는 마음을 가져야 한다. 끝없이 이어질 것처럼 그 무겁고 답답했던 여름이 가고, 어느 결에 결실의 계절 가을이 오며, 살을 에는 듯한 긴 겨울이 지나면 어느새 꽃피는 새 봄이 오는 것처럼 인생도 마찬가지다. 당장에 어떤 성과가 없다고 안달하며 상대를 괴롭혀서는 얻을 수 있는 것도 잃기 십상이다.

땅(地)이란 간단히 말하면 땅의 이(利)를 안다는 것이다. 지리(地利)를 얻기 위해서는 산악과 구릉의 분포, 평지의 넓고 좁음, 하천과 바다의 관계, 동서남북의 방위 등 자연 지리학적인 조건을 살펴야 하고 그 조건에 맞추어 만들어진 시설물 등 인문 지리학적인 여건을 살펴야 한다. 또한 지질학적인 여건에 대해서 충분한 조사를 하여 작전에 이용해야 한다.

부부 싸움에 있어서도 마찬가지다. 배우자의 성격뿐 아니라 자란 환경, 현재 처한 상황, 배우자의 부모와 형제·자매, 가장 영향력 있는 사람 등에 대해서도 충분히 조사해야 한다. 또한 자기 자신에 대해서도 객관적으로 파악해서 작전에 이용해야 한다.

전쟁의 총 지휘자인 장수(將帥)는 지혜롭고 신의가 있어야 하며, 어질고 용기와 결단(勇), 엄격함을 갖추어야 한다. 부부 싸움의 당사자, 즉 총 지휘자가 누구인가를 정확하게 알아야 하는데 그것은 바로 부부 당사자이다. 적장의 능력을 제대로 알아내고 자신의 실력과 능력을 그에 못지않게 길러서 전투에 응해야 상대를 승복(承伏)시킬 수 있다.

　남편은 사회에 나가서 활동하며 실력을 쌓아 날로 발전해 가는데 아내는 가정에서 제자리걸음만 하고 있으면 동등한 조건에서 출발한 부부라도 대화가 막히게 된다. 이럴 때 남편 때문에 자기 능력이 사장되었다며 남편을 원망하고 보상을 바라는 아내들이 뜻밖에 많다. 전쟁터에서 적장에게 옛날에 내가 너를 도와준 적이 있으니 지금은 나를 봐주고 동정해 달라는 사람은 하나도 없을 것이다. 부부 싸움에서도 이런 어리석은 생각을 해서는 스스로 불행을 자초할 뿐이다.

　법(法)이란 질서이며 지켜야 할 규정이다. 국가의 법질서, 군대 내부의 법질서, 사회의 법질서가 제 궤도에 올라 있지 않으면 생사와 존망이 달려 있는 전쟁은 고사하고 작은 규모의 사업 계획도 생각대로 원활하게 추진할 수가 없다. 단 한 번의 명령에 따라 모든 군대가 총력을 집중하여 전쟁을 수행하려면 반드시 법질서가 올바르게 서 있어야만 한다. 법이란 질서·규정이다. 군대로 치면 조직, 명령 계통, 군수 등이다.

　가정에서도 결혼하고 나면 부부간에 질서와 규칙을 정해서 서로 지켜야 한다. 또한 부부 싸움에서도 사용해도 될 무기와 사용하면 안 될 무기를 평소에 미리미리 합의해 놓고 지켜야 한다. 즉 본인의 의지로 어쩔 수 없었던 일이나 약점을 공격하는 것은 비열한 행위로 결코 승리자가 될 수 없고, 가정 대내외적으로 멸시를 받게 된다.

　부부 싸움을 할 때는 먼저 이 다섯 가지 원칙을 염두에 두고 전투에 임해야만 진정한 승리자가 될 수 있다.

현행법상의 부부의 권리와 의무

　현행 민법에는 만 20세가 되면 혼인 당사자들은 부모의 동의 없이 자유로이 혼인할 수 있게 규정되어 있다(민법 제800조, 제807조, 제812조). 혼인 하면 부부는 동거·부양·협조·정조의 권리와 의무를 똑같이 지고 가지게 되어 있다(민법 제 826조). 부부간, 미성년 자녀에 대한 부양의 의무는 부모·형제·자매에 대한 의무보다 우선해서 지도록 규정하고 있다(민법 제974조 1호).

　부부 재산에 관해서는 부부별산제를 채택하고 있어 혼인 전 자기 명의로 취득한 재산, 혼인 후 자기가 벌어 자기 명의로 취득한 재산은 각자의 소유이다(민법 제830조 1항). 그래서 남편의 재산이 곧 나의 것이고, 나의 재산이 곧 남편의 재산이 아닌 것이다. 자기의 재산은 배우자의 동의 없이 자유로이 수익하고 처분할 수 있다(민법 제831

조). 단지 누구의 재산인지 불분명한 재산의 경우는 부부의 공유(共有)로 추정한다(예를 들면 혼인 생활을 하면서 구입한 가전제품이나 가구, 생활용품 등)(민법 제830조 2항).

현행법은 이와 같이 혼인의 결정, 혼인 생활 유지, 혼인 해소의 결정(이혼)에 대한 모든 권리와 의무를 과거와 달리 부모나 남편이 가지고 있는 것이 아니고 혼인 당사자인 남녀가 똑같이 가지고 있음을 분명히 하고 있다. 그렇기 때문에 과거처럼 혼인의 불행한 책임을 부모나 타인에게 전가할 수 없다.

또한 부모나 형제도 혼인은 성숙한 자녀가 자기의 배우자를 선택하는 것이지 자기 집안의 대를 이어줄 사람, 며느리 또는 사위를 선택하는 것으로 착각해서는 안 된다. 이를 혼동하여 혼인을 자기들이 시키는 경우가 많다. 이제 우리 집 사람이 되었는데 출가외인이 왜 친정에 자주 가느냐 등등의 관여나 간섭을 하면 결과적으로 혼인해서 사는 자녀에게 불행을 안겨 줄 뿐이다.

현행법상 부부의 재산권

1. 혼인 중

부부의 한쪽이 혼인 전부터 가진 재산은 각자의 특유 재산이다. 혼인 중의 재산에 관하여는 "혼인 중 자기 명의로 취득한 재산은 그 특유 재산으로 한다"(민법 제830조 1항), "부부의 누구에게 속한 것인지 불분명한 재산(가구나 살림살이 등)은 부부 공유로 추정한다"(동법 제830조 2항)고 규정하고 있다. 즉 부부별산제를 채택하고 있는 것이다. 또한 부부는 일상 가사에 관해서는 대리권(민법 제827조 1항)이 있고, 부부의 일방이 일상 가사에 관하여 제3자와 법률행위를 한 때에는 다른 일방은 이로 인한 채무에 관하여 연대 책임을 지도록 했다(민법 제827조 2항, 제832조).

일상 가사란 부부의 공동 생활에 필요로 하는 통상 사무를 말하며, 그 내용, 정도 및 범위는 부부 공동체의 생활 정도와 그 지역사회의 관습 내지 일반 견해에 의하여 결정된다. 판례 학설을 중심으로 일상 가사 대리권 내용을 제시해 보면, 부부의 공동 생활에 통상 필요한 의식주에 관한 사무나 가족의 보건·오락·교제·자녀 양육·교육 등에 관한 것이 이에 속한다. 전화 가입권의 매도, 가옥 임대, 순수한 직업상의 사무, 어음배서 행위 등은 일상 가사 대리권의 범위를 넘는 것으로 보고 있다.

부부의 공동 생활에 필요한 비용 부담은 1990년까지는 "당사자 사이에 특별한 약정이 없는 한 남편이 부담해야 한다"고 규정되어 있던 것을 1991년부터 시행되고 있는 개정법에서는 "혼인 당사자 간에 특별한 약정이 없으면 부부가 공동으로 부담한다"(민법 제833조)로 바꾸었다. 가사를 운영하고 돌보고 있는 부인의 경우는 부부의 공동 생활 비용의 절반 이상을 부담하고 있으면서도 그동안은 가사 노동이나 운영에 대한 평가를 인정받지 못하고 남편 혼자서 생활 비용을 부담해 온 것으로 해석되었다.

2. 이혼 시

재산분할청구권

그동안 우리의 법률은 부부 관계를 정리하는 이혼은 인정하면서도 혼인 생활 중 이루어 놓은 부부 재산 관계의 청산 또는 처리에 대해서는 관계 규정을 제정해 놓지 않아서, 특히 처의 경우는 이혼 뒤의 생활이 어려워지는 억울함을 당할 수밖에 없었다. 왜냐하면 법으로는 부부별산제를 채택하고 있으나 실질적으로 혼인 생활 중에 취득한 재산은 누구의 명의로 되어 있는가에 따라서 그 귀속을 결정하게 되어 있었기 때문이다. 부부가 협력하여 모은 재산이 대개의 경우 남편 명의로 되어 있는 현실에서는 남편 소유로 돌아갈 수밖에 없다.

그러나 혼인 중 취득한 재산은 그 명의가 누구로 되어 있건 간에 배우자의 공이 당연히 포함된 것이므로 이혼할 때는 그 대가를 상대방에게 반환하는 것이 당연하다. 혼인 중 경제 생활이 부부 협력과 노력으로 이루어지므로 배우자에 의하여 얻어진 재산을 일방이 독점하는 것은 형평의 원칙에 위배된다.

개정 가족법은 이런 불합리한 점을 시정, 이혼할 때 유책자에 대하여 가지는 위자료 청구권 외에 결혼 후 함께 벌어 모은 재산은 그 명의가 누구로 되어 있건 간에 자신의 기여도에 따라 재산 분할을 청구할 수 있도록 재산분할청구권이 신설되었다. 재산분할청구권은 이혼 시 또는 이혼 후 2년 안에 행사할 수 있다(민법 제839조의 2).

만약 부부의 일방이 상대방 배우자의 재산분할청구권 행사를 해함을 알고 사해 행위를 한 때에는 상대방 배우자가 그 취소 및 원상회복을 법원에 청구할 수 있다(민법 제839조의 3). 재산분할청구권을 보전하기 위한 사해 행위 취소권은 취소 원인을 안 날로부터 1년, 법률 행위가 있은 날로부터 5년 내에 제기하여야 한다(민법 제406조).

위자료

재산분할청구권은 부부가 혼인 생활 중 취득한 공동 재산의 청산이므로 자기 기여도에 의한 자신의 재산을 나누어 달라는 당당한 권리인 반면, 위자료는 배우자에게 가해를 받았거나 배우자가 잘못을 했을 때 그의 불법 행위로 인해서 입은 피해에 대한 손해배상을 해 달라는 청구권이다. 그러므로 배우자가 유책사유가 있을 경우 이혼 시 재산분할 청구와 아울러 위자료 청구도 할 수 있다.

새로 신설된 재산분할청구권에 의한 청구와 위자료 청구에 대한 서울 가정법원 판결을 참고로 소개한다.

판례 1 : 주부 박모 씨(32세)가 남편 김모 씨(39세)를 상대로 낸 이혼 및 재산분할, 위자료 청구 소송에서, "원고 박씨가 8년 5개월 동안 한결같이 남편 김씨를 내조해 왔기 때문에 현재의 재산(3억여 원 추산)을 축적할 수 있었다. 피고 김 씨는 앞으로 개업의로서 많은 재산 축적이 기대되므로 부인 박씨에게 재산분할의 액수 1억 5천만 원과 위자료 7천만 원을 지급하라."고 판결했다.

재판부는 판결문에서 "피고 김 씨가 혼인 중 전문의 자격을 취득한 점과 현재 수입(세무서 신고 1990년도 총 수입액 1억 2천만 원)으로 보아 앞으로 많은 재산 축척이 기대되는 점, 또 현재의 남편 김 씨가 있기까지는 남편의 폭행, 모욕 등 온갖 수모를 겪으면서 8년 이상 참고 견디며 어려운 가정을 꾸리고 줄곧 가사 노동과 육아에만 전념해 온 박 씨의 공로가 크다."고 지적했다. 이런 점을 고려할 때 "피고 김 씨가 원고 박 씨에게 분할해야 할 재산분할 액수는 1억 5천만 원을 정함이 타당하다."고 밝히면서 부부 재산으로 유형의 재산 외에 남편의 능력, 즉 무형의 재산을 쌓는 데 공헌한 부인의 공로를 인정하여 무형의 재산까지 합산해서 판결했다(1991년 6월 13일 가정법원 합의 5부 박동섭 부장판사).

판례 2: 간통 사건으로 구속 기소되어 징역 8개월을 선고 받고 복역 중인 부인 정모 씨(35세)가 남편 황모 씨(36세)를 상대로 낸 '이혼 및 재산분할 청구 소송'에서 재판부는 "원고 정씨는 남편에게 위자료 2천만 원을 지급하고, 남편 황씨는 부인에게 재산분할금 5천만 원을 지급하라"는 판결을 내렸다.

간통한 부인이라 할지라도 이혼 시 남편은 아내의 재산 형성 기여도만큼 재산을 나누어 주어야 한다는 판결이 우리나라에서 처음 나온 것이다. 간통한 유책자인 처는 남편에게 위자료를 주어야 한다는 판결은 재산분할 청구권과 위자료의 개념 및 법적 성질을 명확하게 구별하지 못하고 있는 일반인에게 이에 대한 이해를 돕는 데 일조했다고 보겠다.

3. 상속 시

근대의 상속법은 자녀를 포함한 혈족 상속인과 별개의 계통 상속인으로 배우자를 들고 있다. 이러한 근거에서 '무촌'인 배우자의 지위를 강화해 나가는 것이 현대법의 경향이다.

개정법은 "피상속인의 배우자는 피상속인의 직계비속(자녀), 직계존속(부모)이 있는 경우에는 그 상속인과 공동 순위로 공동 상속인이 되고 상속인이 없는 때에는 단독 상속인이 된다(민법 제1003조). 대습상속의 경우 상속 개시 전에 사망 결격된 자의 배우자는 동조 규정에 의한 상속인과 동순위로 공동 상속인이 되고 그 상속인이 없는 때에는 단독 상속인이 된다(동법 제1001조). 피상속인의 배우자의 상속분은 자녀들과 공동으로 상속하는 때에는 그 자녀들의 상속분에 5할을 가산하고, 직계존속과 공동으로 상속하는 때에는 직계존속 상속분에 5할을 가산한다"(동법 제1009조 2항)고 규정해 놓았다.

이번 개정법은 남녀 구별을 시정하여 배우자 상속분의 남녀평등화를 이루었으나 배우자 상속권의 근거를 고려하거나 다른 나라 입법례에 비하여 아직도 미흡한 감이 없지 않다. 특히 배우자는 혈족상속인과는 전혀 다른 계통의 상속인인데도 혈족 상속인 수에 의하여 배우자의 구체적 상속분이 달라지게 되는 점이 문제이다.

그리고 배우자에게도 상속세를 물리는 것은 옳지 않으므로 폐지되어야 한다. 상속세는 세대간 재산의 무상이전에 대해서 과세하는 것인데 배우자는 피상속인과 동일 세대이며 배우자 사망 시에도 상속세가 과세되므로 1세대 2과세하는 결과가 된다. 배우자는 상속 재산을 축적하는 데 기여도가 있어서 배우자 일방이 사망할 경우 생존 배우자가 상속받는 지분은 사실상 자기의 공유 지분을 분할받는 것과 다름없으므로 과세는 부당하다.

무기와 군량미 준비는 전쟁의 기본

　싸움에서 이기려면 무기, 군수품, 군량미를 충분히 준비해야 한다. 부부 싸움은 정신력의 싸움이다. 정신력의 싸움에서는 지구력이 강한 사람이 승리하고, 먼저 흥분하고 이성을 잃은 사람이 패자가 되는 것이 정해진 이치다.

　화가 난다 해서 잠도 자지 않고, 밥도 먹지 않고, 극도로 흥분되고 쇠약한 상태에서 싸움에 임하는 것은 대포, 미사일 등 모든 무기와 장비를 갖춘 적에게 맨손으로 대항하겠다는 것과 같다.

　속에서 불이 나고 가슴이 터질 듯한데 어떻게 밥이 입으로 들어가며 잠을 잘 수 있는가? 당장에 요절을 내든지, 요절이 나든지 결판을 내야 살 수 있을 것 같다. "당신은 남의 일이라고 그렇게 쉽게 말할 수 있을지 모르지만 막상 당하는 본인이 되고 보면 그럴 수 없지요. 이론과 실제는 엄연히 다르다고요."라면서 속사포처럼 쏘아붙이며 상담자를 잡아먹을 듯이 대드는 사람도 자주 만난다.

그러나 조금만 냉정해지면 금방 알 수 있다. 아무리 급하고, 화가 나고, 힘이 들어도 무기를 준비하지 않고 전쟁에 나갈 수는 없다. 맨몸으로 전쟁에 임해서는 죽을 수밖에 없기 때문이다. 열 개 중 아홉 개를 상대에게 빼앗겼다 하더라도 살아 있어야 후일을 기약할 수 있다. 되찾아 오려면 힘을 길러야 하고, 다시 싸우려면 무기와 군량미를 마련할 시간이 필요하다.

당장 빼앗긴 것이 분해서 이성을 잃고 속이 부글부글 끓고 있는 상태, 즉시 빼앗긴 것을 되찾아 오겠다는 생각이 머릿속에 가득 차 있는 상태에서는 전쟁에서 승리할 수 있는 냉철한 전략과 전술을 생각해

낼 수 없다. 일단은 후퇴하여 머리와 가슴을 비우고 난 다음 전열을 재정비해야 한다.

사실 이성을 찾는다는 것은 말로는 쉽지만 실행이 무척 어려운 일이다. 그러나 그 어려움을 극복하고 이 조언을 받아들인 분들은 실제로 싸움에서 십중팔구 승리한다. 그리고 처음에 이성을 잃고 흥분하여 상담자에게 항의했던 일을 사과하러 오기도 한다.

무기 고르기

 부부 싸움을 할 때는 절대로 사용해서는 안 되는 무기와 사용해도 되는 무기가 있다. 따라서 사용해도 좋은 무기를 찾아 취사선택을 잘 해야 진정한 승리를 거둘 수 있다.

1. 한 번 썼거나 노출된 무기는 다시 사용하지 말라

 21세기 최첨단 무기를 사용하는 적과 맞닥뜨려서 1차 대전 때 쓰던 무기를 쓴다면? 물론 역전의 노장과 노병들에겐 손에 익숙하고 과거에 승리의 동반자였을지 몰라도 올바른 정신이라면 아무도 고철덩어리에 불과한 그 구식 무기들을 쓰려고 하지 않을 것이다.
 부모 세대들이 사용하던 무기나 전략, 케케묵은 정보를 그대로 받아서 쓰면 백전백패할 수밖에 없고, 당연히 내가 원하는 전리품을 얻을 수 없다. 아마 부부 싸움을 해본 사람은 부모나 선배의 조언을 받아 그대로 적용했을 경우 도움이 안 되었던 경험을 가지고 있을 것이다.

현재 자기가 처한 전쟁 상황에 딱 맞는 최첨단 무기를 고안해 내야 한다. 가부장제 의식을 기초로 하여 만들어진 농경제 사회의 구시대적인 무기를 발전된 상공업 사회, 정보 사회에서 사용한다면 전쟁에서의 패배는 불을 보듯 뻔한 것이다.

2. 적이 가진 무기보다 더 우수한 무기를 사용하라

남자는 여자보다 물리적인 힘이 강하다. 그러나 충동적이고 본능적이며, 상황의 변화에 대처하는 능력은 상대적으로 떨어진다. 여자는 남자보다 언어 능력과 상황 대처 능력이 뛰어나지만 반면에 감성적이고 정적이다. 따라서 부부가 싸움을 하다 보면 말로는 남자가 밀리고, 결국 남자는 상대적으로 강한 물리적인 힘, 즉 주먹을 쓰게 마련이다.

이럴 때 여자가 정면으로 맞서면 반드시 손해를 볼 수밖에 없다. 진단서를 끊어서 남편을 감옥에 보내려는 속셈이 있지 않는 한 이런 방법은 되도록 피해야 한다. 절대로 상대에게서 내가 가진 것보다 강한 무기가 나오지 않게 대처해야 하고, 만약 그런 상황이 벌어졌다면 그 자리에 있지 말고 빨리 피해야 한다.

3. 나이에 따른 원숙한 아름다움을 적극 활용하라

사람은 10대, 20대, 30대, 40대, 50대에 저마다 각각의 연륜에 따른 독특한 아름다움이 있게 마련이다. 20대가 40대처럼 차리고 행동하면 어딘가 이상하고, 40대가 20대처럼 화장하고 행동하는 것을 보면 아름답기보다 추해 보인다.

남편이 젊은 여자를 좋아하고 바람을 피운다 해서 남편을 가정으로 돌아오게 하는 방법을 쓴답시고 20대처럼 화장하고 행동하는 부인들이 있는데, 그런 방법은 역효과를 낼 뿐이다.

40대가 20대와 젊음을 다툴 수는 없다. 그 대신 20대로서는 아무리 노력해도 가질 수 없는 40대만의 성숙함과 완숙미, 포용감과 안정감, 지적인 아름다움으로 대처해야 한다.

개인적인 경험을 하나 소개한다. 몇 년 전 공항에서 신혼여행을 떠나는 많은 신부들을 보면서 그 젊음의 아름다움에 위축감을 느끼며 함께 간 친구와 그들을 부러워하고 있었다. 그때 노부부 한 쌍이 다정하게 공항 구내로 걸어 들어오는 걸 본 순간, 나는 주책스럽게 젊음을 부러워한 나 자신이 부끄러워졌다. 한껏 멋을 낸 젊은이들이 부나비라면 노부부의 기품 있는 모습은 호랑나비와 같아서 주위를 압도하는 분위기에 나도 친구도 한동안 말을 잃고 말았다. 몇십 년에 걸친 연륜의 아름다움이니 완숙한 아름다움이니 하는 말들을 듣고 말해 왔지만 그때의 감동은 말로는 옮길 수 없는 것이었다.

자신의 아름다움은 스스로 가꾸어야 한다. 그것은 나이와 상관없이 본인 스스로 자기만이 가지고 있는 아름다움에 대해 자부심을 가지고 적극 활용해야 더욱 살아나는 것이다.

4. 본인의 의지로 할 수 없었던 일이나 상황을 무기로 해서 상대를 공격해서는 안 된다

자식이 부모를 선택해서 태어날 수는 없다. 그런데 첩의 자식이라 별 수 없다는 둥, 그 어미, 애비에 그 자식이라는 둥 치명적인 상처를 주는 말이나 행동은 비열하기 짝이 없는 짓이다.

상대의 신체적 장애를 놀리거나 집안을 싸잡아 깔보는 말투, 성격적 약점을 모욕하며 싸울 때마다 무기로 쓰는 행위 등은 인간으로서는 해서는 안 되는 것이며 절대 득이 되지 않는다.

5. 직장에서 있었던 남편의 잘못을 이혼할 때 들추지 말라

직장에서 남편이 부정 행위를 했을 때 알면서도 아무 말 안 하고 뇌물로 받은 돈이

나 횡령한 돈을 받아 쓰면서 좋아하던 아내들이 막상 남편과 다투다가 이혼이란 말이 오갈 때는 그걸 들춰내서 남편을 곤혹스럽게 한다. 상식적으로 있을 수 없는 일 같지만 뜻밖에 그런 사례가 적지 않다.

  부부간에 문제가 있어 살 수 없게 되었으면 부부간의 문제만 가지고 따지고 해결해야 한다. 상대와 제삼자 간의 일을 들추는 일은 한때 살을 부비고 살았던 배우자에 대한 최소한의 기본 도리마저 짓밟는 비도덕적인 행위이다.

6. 자살 행위를 무기로 써서는 안 된다

텔레비전 드라마나 영화, 소설에서 남자가 다른 여자를 사귀거나 시어머니가 학대할 때, 또는 억울한 일을 당했을 때 흔히 여자들이 자살을 기도하고, 그러면 남편이나 시어머니가 마음을 돌려 모든 일이 잘 해결되는 것을 볼 수 있다. 이런 허황된 인식이 박혀서인지 부인들이 약을 먹는 등의 방법으로 자살 행위를 하는 경향이 있는데 이처럼 어리석은 짓이 없다. 연속극이나 연극, 영화, 소설과는 달리 이런 경우 남편이나 시집 식구들은 별 독한 여자도 다 있다, 사람도 아니다, 오만 정이 다 떨어졌다면서 더욱 냉대를 하게 마련이다.

아내가 자살을 기도할 정도의 상황이 어떤 것이었든 간에 남편들의 말도 꼭 틀린 것만은 아니다. "사람이 살다가 실수를 할 수도 있는 건데 자기 목숨을 담보로 위협하는 여자는 무섭다. 약을 먹고 축 늘어진 아내를 병원에 안고 가다 보니 꼭 시체 같아서 끔찍했다. 그 뒤로 아내를 안을 수가 없다. 사람에게 목숨만큼 귀한 것도 없는데 자기 뜻대로 안 된다고 목숨을 끊을 정도라면 언젠가는 남편인 나를 죽이지 말라는 법도 없다……."

부부 싸움에서 어떤 상황을 당하든 자기 의사를 관철하겠다고, 억울함을 푼다고 자기 목숨을 담보로 삼으면 안 된다. 십중팔구 정신병자로 몰리거나 자신의 몸만 상하기 일쑤고, 진짜 죽는다면 독한 여자라는 손가락질만 남길 뿐이다. 물론 남편이나 시집 식구들도 일단의 비난은 면할 수 없겠지만 그것은 죽은 당사자에게는 아무것도 아니다.

  조선시대에는 이혼하면 집안의 망신이요, 목숨을 끊으면 열녀라고 추앙하고 친정의 명예도 올라갔으나 현대에는 어떤 이유로든 집안에 자살한 사람이 있으면 일단 그 집안은 혈통의 문제가 있는 걸로 간주되어 이런 집안과는 혼인을 피하게 된다.

7. 아이들을 무기로 써서는 안 된다

  우리나라의 대부분의 부부들은 남편이 싫어 살고 싶지 않은데, 또 아내가 싫어 살고 싶지 않은데 아이들 때문에 할 수 없이 산다고 한다. 마치 아이들을 위해 자기는 커다란 희생자라도 된 것처럼 말하며

그것이 자신의 자존심을 세우는 것으로 착각하고 있다.

또 아이들이 여럿 있을 경우 부부 싸움을 한 아내는 자기가 없어도 제 할 일은 다 하는 아이는 데리고 나가고, 자기가 없으면 하루 종일 징징거리는 젖먹이는 일부러 집에 두고 나간다. 남편에게 '한 번 혼좀 나 봐라' 하는 무언의 시위다. 이혼할 때도 그때그때 감정에 따라 애꿎은 아이들을 이리 데리고 왔다 저리 데리고 갔다 하고, 상대와 같이 있는 아이를 보고 잘 기른다는 둥 못 기른다는 둥 시비를 건다.

친구들 사이에서도 친구를 이용하는 사람은 가장 저질스러운 인간으로 취급한다. 하물며 목적을 위한 수단이나 도구로 자기 자식을 사용하는 것이 어찌 동물보다 낫다고 하겠는가? 자식은 부모가 돌보아 주어야 할 대상이지 부모의 복수의 도구나 의지할 대상이 아니다. 아이가 잘못 자라 문제 어른이 된다면, 그로 인해 죽을 때까지 고통을 받을 사람은 남이 아니라 바로 부모 자신이다.

8. 진심이 아니면 절대 이혼이란 말은 입밖에 내지 말라

남편보다는 아내가 자기의 요구가 받아들여지지 않으면 진짜 이혼할 생각이 없으면서도 혹시 상대에게 겁을 줄 수 있지 않을까 하는 마음에 이혼을 들먹이는 경우가 많다.

남편이 '저 여자는 내가 무슨 짓을 하더라도 이혼은 못할 테니까 걱정 없어'라고 생각하면서 자신을 무시하고 멋대로 행동한다며 한 번 본때를 보여 주어야겠다는 아내들이 찾아와서는 이혼 절차를 상세히 가르쳐 달라, 변호사를 소개해 달라고 하며 흥분을 한다.

그러나 남자든 여자든 진정 이혼할 의사가 없을 경우 이혼하자는 말을 해서는 안 된다. 또 감정이 서로 격해 있을 때 상대가 이혼하자는 말을 서슴없이 한다면 상대가 그럴 생각이 없으면서 너무 속이 상해서 저런 말을 하겠거니, 내가 반성하고 잘해 주면 될 것이라고 생각하는지 자신을 돌이켜 봐야 할 것이다.

부부는 남남이 만나서 가족이 된 관계이기 때문에 그런 말을 하거나 들으면 '저 사람은 일생을 함께할 상대가 아니구나', '무슨 어려운 일이나 의견이 틀릴 경우 언제든지 헤어질 수 있는 사람이구나' 하는 생각이 들고, 더 나아가 그때부터 상대가 두려워지고 신뢰감과 친밀감이 사라져 진짜 낯선 두 사람이 되고 만다. 실제로 그런 경우를 당한 사람들이 더 늙어서 꼼짝 못하게 되기 전에 하루라도 빨리 이혼을 해야겠다고 상담원을 찾아오는 경우가 많다.

부부가 살면서 어떠한 경우라도 이혼하자는 말을 해서는 안 된다. 그런 말은 자신에게는 물론 가정에도 아무런 도움이 되지 않는다. 자기가 상대에게 들어서 싫은 소리, 그 말을 들었을 때 느끼는 거리감은 거꾸로 상대도 똑같이 느낀다는 것을 깨달아야 한다.

부부는 사랑을 바탕으로 이해와 협조를 통해 갈등을 풀어 나가는 것이 정도다. 그밖의 어떤 극약 처방으로 문제를 해결하려는 것은 섶을 지고 불에 뛰어드는 격이다.

9. 이혼할 생각이 없으면 간통 현장을 잡지 말라

피를 보면 인간은 살인을 하게 된다. 간통 사실을 부인할 때는 최소한 자신의 그런 행위가 옳지 않다는 죄의식은 가지고 있는 상태다. 그렇지만 일단 간통 현장을 잡힌 남자들은 공직에 있는 사람을 제외하고는(자칫 직장을 잃을 수 있으니까) 두 여자와 다 살지 않겠다고 하든지 아니면 살려면 살고 말려면 말라면서 아예 드러내놓고 다른 여자와 살게 된다.

더 이상 참지 못하고 간통죄로 고소할 경우 감옥에 갇힌 남편이 잘못했다고 빌게 마련이고, 아내도 이제 한 번 혼을 내주었으니 다시는 안 그러겠지 하며 고소를 취하하게 된다. 그러나 집에 돌아온 남편은 남편을 형무소살이까지 시킨 독한 년이다, 오만 정이 다 떨어졌으니 더 이상 못 살겠다며 재산을 다 감추어 놓고 학대하기 시작한다. 당연히 시집에서도 백안시하게 되고 오히려 아내가 죄인 취급을 받게 된다.

자기가 원하는 게 남편의 사랑이라면, 그리고 그동안 원만하게 살아왔다면 내가 원하는 사랑이라는 전리품을 얻기 위해서 사랑이라는 무기를 써야 한다. 그것이 유일한 길이다.

10. 초혼 시 받지 못했던 사랑과 배려를 재혼한 배우자에게서 받으리라 기대하지 말라

재혼하는 대부분의 사람, 특히 여자 분들은 초혼에서 받아 보지 못했던 남편의 사랑과 배려를 받고 남편의 보호 속에 살고 싶다는 생각과 혼자 사는 것보다 경제적인 어려움 없이 나머지 인생을 살고 싶어서 재혼했는데 초혼보다 살기가 더 힘들다고 호소한다. 상처 없는 맨살에 고춧가루가 닿아도 맵고 아픈데 상처난 곳에 고춧가루가 들어가면 얼마나 더 맵고 아플 것인가를 상상해 보면 어떤 마음가짐으로 재혼해야 할 것인지에 대한 답이 나올 것이다. 재혼할 때는 초혼보다 더 견디기 어려운 점이 있더라도 극복하고 서로 나이가 들고 상처가 있는 사람들이 만났으니 초혼에서 한 시행착오를 다시 되풀이하지 않겠다, 내 입장보다 상대의 입장에서 내가 먼저 배려하고 이해하면서 상대의 부족한 점을 채워 주면서 살겠다는 각오 없이 상대가 나의 부족한 점, 원하는 바를 채워 주리라는 기대만 하고 재혼하면 불행한 삶을 되풀이할 수밖에 없다.

싸우기 전에 전리품을 정한다

부부 싸움은 예정은커녕 선전포고도 없이 시작되는 것이 보통이다. 따라서 싸움이 언제 시작되는지도 모르는데 어떻게 전리품을 정하느냐고 물을 수도 있다. 그러나 전리품을 미리 생각해 두는 것은 꼭 전리품을 지상의 목표로 삼아서가 아니다. 목표도 없이, 이유도 없이, 순간의 감정으로 그동안 섭섭했던 것을 한꺼번에 쏟아 버리면 자칫 감정 싸움으로 발전해서 어디로 상황이 흘러갈지 본인들도 가늠하기 어렵게 되기 일쑤다. 따라서 이혼을 전제로 이판사판 붙는 것이 아닐진대 그때그때 작은 목표를 정해 두는 것이 확실한 길잡이가 될 수 있다.

남편과 또는 아내와 좀더 원만하게 행복한 가정을 이루고 살고 싶은데 결과는 전혀 자기가 바라지 않는 이혼으로 결정이 난다든가, 부부 관계가 더 악화된다든가 하는 경우가 비일비재하다. 그러니 작은 전리품을 얻는다는 것도 쉬울 턱이 없다. 따라서 자기가 원하는 전리품을 한꺼번에 다 얻겠다는 생각은 버리고 얻을 가능성이 있는 것과 가능하지 않은 것을 구분하고, 얻을 수 있는 것 중에서도 가장 소중하고 꼭 얻고 싶은 것이 무엇인지 우선순위를 정해 놓아야 한다. 모든 것을 한꺼번에 얻으려다가는 다 잃어버리는 결과를 초래하기 때문이다.

중매로 선을 봤다. 중매인은 남자 집안이 부자는 아니지만 경제적으로 그렇게 어렵지 않고, 남자가 실력이 있어서 대기업에 다니고 있으니 큰 어려움 없이 살아갈 수 있을 것이라며, 시어머니도 그렇게 시집살이를 시키실 분은 아니라고 했다. 선을 본 뒤에 남자의 어머니는 "너희만 잘 살면 된다. 아직 결혼하지 않은 두 동생이 있지만 너희들에게 얹혀 살 정도는 아니다. 그리고 혼수나 예단에 쓸데없이 돈을 쓰지 말고 실질적으로 하자."고 시원스럽게 말씀하셨다. 썩 잘 사는 집은 아니지만 인간적으로 사는 집안 같고, 남자도 그만하면 마음에 들어서 결혼했다.

그런데 막상 결혼하고 보니 잠깐 살다가 분가를 시켜 주겠다던 시어머니의 약속은 오간 데 없고, 그나마 살고 있는 집은 전세인데다가, 남편이 받아오는 월급은 그대로 시어머니에게 갔다. 두 동생은 물론 같이 살고, 모든 결정은 시어머니와 남편이 알아서 했다. 시어머니는 젊어서부터 직장 관계로 시아버지와 떨어져 살아서인지 자신의 남편보다 큰 아들을 더 크게 의지한다. 더욱 심한 건 기회 있을 때마다 "어떤 친척 며느리는 혼수를 얼만큼 해 왔다더라, 누구는 예단으로 뭘 받았다더라,

나는 지지리도 복이 없어 그런 것도 받지 못했다."면서 노골적으로 괴롭히는 것이다.

두 아이를 낳고 5년 만에 분가를 해서 나왔지만 시어머니는 계속 남편 회사로 전화를 해서 돈을 가져가고 사사건건 간섭을 하고 있다. 남편의 월급이 꽤 되지만 시도 때도 없이 시집으로 돈이 흘러들어가니 아직 집 한 칸 장만하지 못했다. 그동안 드린 돈만도 얼마인데 계속 이렇게 나와 의논도 없이 시어머니에게 돈을 드릴 수 있느냐고 남편에게 따지면 화를 벌컥 내며 물건을 집어던지고 때리기도 한다.

남편은 착한 사람이고 싫지 않다. 그러나 더 이상 나의 권리를 침해당하고 빼앗기면서 살고 싶지 않다. 일단 경제권부터 내게 넘겨주고, 모든 일을 시어머니가 아닌 나와 의논하고, 시어머니한테도 맏며느리 대접을 받고 싶다. 그렇지 않으면 이혼뿐이다. 그런데 아이들을 생각하면 결심이 흔들린다.

한 푼에 벌벌 떠는 어려운 살림에 나는 먹을 것 안 먹고 입을 것 안 입고 살아가는데 남편은 여우 같은 부하 여직원에게 양식을 사 주었단다. 도저히 분해서 살 수가 없다. 자기 마누라에게는 그 흔한 자장면 한 번 사 주지 않으면서, 부하 여직원과 몰래 사귀며 맛있는 것 다 사 주고, 출장 핑계대고 여기저기 구경 다니고…….

결국 들통이 나자 남편은 그 여자를 다시는 만나지 않겠다고 했지만 믿을 수가 없다. 더 분한 것은 집에서는 그렇게 짜게 굴던 남편이 그 여자한테는 아낌없이 돈을 펑펑 썼다는 사실이다. 다른 남자는 바람을 피

워도 그렇게 돈을 많이 쓰지 않는다는데, 이 사람은 도저히 용서할 수가 없다. 남편 명의로 된 전 재산을 내 앞으로 해놓을 수는 없을까?

아내는 내가 회사일이나 친구와 모임으로 늦게 들어가는 것을 전혀 이해하지 못하고 늘 바가지를 긁어 스트레스를 준다. 시집 식구들이나 친척, 친구들이 집에 찾아오는 것도 노골적으로 싫어한다. 그러다 보니 친척이나 친지들의 발걸음이 뜸해졌다.

어머니가 살림을 가르치느라 이런저런 말을 하시면 간섭한다면서 싫어하고, 아예 오시는 것조차 꺼려 한다. 셋방부터 시작해서 조그마한 집 한 칸 마련하기까지 아내가 고생을 많이 한 것은 인정하지만 너무 돈에 짜게 굴어 대인관계에 어려움이 많다. 이제는 어느 정도 경제적으로 숨을 돌렸는데도 더 크고 편안한 집을 사서 가야 한다면서 계속 허리띠를 졸라매고 있다. 용돈도 하루에 1만 원 이상 주지 않고 축의금이나 부조금도 3만 원 이상은 절대 못하게 한다.

부부 싸움을 한 다음날 아침은 굶고 출근해야 한다. 어머니가 당신에게는 잘하지 않아도 좋으니 남편 밥 굶겨서 출근시키지 말라고 타이르시는데 그 말에 또 시비를 건다. 어머니는 남편 밥 굶기는 여자와 살아야 하겠느냐면서 시집에 잘 못하는 것까지는 용서할 수 있지만 하늘 같은 남편 밥 굶기고, 자기 주장을 굽히지 않고, 남편 기를 꺾지 못해 안달하는 여자는 용서할 수 없다고 하신다. 그렇지만 아내가 그렇게 나쁜 여자는 아니고 좋은 점도 있으며, 아이들도 있어 어떻게 하면 좋을지 모르겠다.

이런 하소연을 하는 사람들은 자기는 가정을 깨고 싶지 않은데 상대가 잘못을 시인하고 고쳐 주지 않아 살 수가 없다는 것이다. 부부 싸움에서 자기가 얻고자 하는 전리품이란 것이 행복한 가정을 이루기 위한 것인데, 상대가 협조를 하지 않아 결국은 다른 결정을 할 수밖에 없다는 것이다.

그러나 세상의 어떤 싸움에서든 적이 내가 이기도록 협조해 주었다는 이야기를 들은 적이 있는가? 백치가 아니고서야 그런 생각을 할 수는 없을 것이다. 결국 자기가 얻고자 하는 전리품은 자신의 힘으로 싸워서 획득하는 수밖에 없다.

남이 대체할 수 없는 배우자의 자리

자기가 원하는 전리품이 집인가? 돈인가? 사랑인가? 아내 또는 남편, 자식과 함께하는 삶인가? 맏며느리 대접을 받는 것인가? 친구와의 우정인가?

아내에게 바라는 것이 밥이나 빨래 잘 해주는 가정부인가? 아이 낳아 주고 잘 키워 주는 유모인가? 돈 안 주어도 되는 전속 창녀인가? 시집을 위해 일해 주는 머슴인가? 남편의 출세를 위해 뒷바라지해주는 존재인가? 대화가 통하고, 정서적인 교감이 이루어지며, 일생 동안 희로애락(喜怒哀樂)을 함께하는 동반자인가?

남편에게 바라는 것이 가족 부양을 위해 돈을 벌어오는 기계인가? 자신의 이루지 못한 소망을 대리해서 신분을 상승시켜 주는 도구인가? 자기의 주인이요, 후견인이며, 보호자인가? 한평생 희로애락을 함께하는 동반자인가?

　위의 사항을 냉철하게 분석해서 그 중 자기가 가장 비중을 두고 소중하게 생각해서 꼭 얻고자 하는 것을 제1순위로 두고, 그 전리품을 얻기 위해서는 힘을 쓸데없이 분산시키지 말고 전략을 세워 집중적으로 공략해야 한다.

　자신이나 다른 누가 대신 할 수 없는 어느 한 가지를 배우자가 가지고 있다면 그걸 가져야 한다. 돈 버는 일, 밥, 세탁, 청소 등의 집안일, 아이들 돌보는 일, 부모나 본가에 잘 해주는 일 등은 내가 할 수도 있고 다른 사람을 시켜서 할 수도 있다. 그러나 아내의 자리, 내 아이들의 생모의 자리는 누구도 대체할 수 없다. 대체할 수 없는 어느 한 가지를 아내가 가지고 있다면, 대체 가능한 것은 자신이나 다른 사람이 대신해주면서 살아가겠다는 의식을 가져야 한다. 그러면 적어도 사소한 것 때문에 정말 자기에게 가장 필요하고 귀중한 것을 잃어버리는 잘못을 범하지 않을 것이다.

　나는 1979년 미국과 캐나다 법률구조기관과 가정상담소, 법과대학을 시찰하던 중 미국 서부에서 살고 있는 교육학 박사 한 분을 만난 적이 있다. 그 지역의 관계 기관을 안내해 주고 통역을 맡아 주신 분인데 이혼한 지 2년이 되었다고 하셨다.

　이혼한 부인은 한국에서는 여유 있게 살던 집의 딸로 대학까지 나왔지만 영어를 못했고, 집안일도 해본 적이 없었다. 유학 중에 아르바이트를 하던 남편이 집안일은 물론이고, 아이들 학부형 회의까지 참석하곤 했다. 그러던 중 아내가 한국에 친정어머니를 뵈러 간다고 나갔다가 소식이 없어 알아보니 학벌은 중졸에 식당을 하는 돈 많은 남자를 비행기에서 만나 미국에서 살고 있다는 말을 듣게 되었다. 간신히 연락을 해서 찾아가 크리스마스까지 돌아오면 용서해 주겠다고 했는데도 돌아오지 않아 결국 이혼을 했다. 아들은 본인이 맡아 양육하고 있다고 했다. 그분은 아내가 있을 때는 전혀 몰랐는데 아내가 없이 2년 간을 지내 보니 아내가 아무것도 하지 않고 자기 자리를 지켜 주었던 것만도 얼마나 커다란 역할을 하고 있었던 것인지를 알게 되었다고 했다. 아내가 있을 때는 직장에 나가 일하고, 집에 들어와 집안일까지 하고, 아들 교육시키랴 학부형 회의 참석하랴 눈코 뜰 새 없이 뛰어다녀도 피곤하다든가 무력감을 느끼지 못했는데 지금은 그때의 10분의 1도 일을 하지 않는데도 그렇게 피곤할 수가 없다고 했다. 아내가 자기 자리를 지켜 준다는 것만으로도 자기가 삶을 살아가는 데 원동력이 되었다는 걸 절실히 느꼈다면서 아들도 전처럼 밝게 웃지 않는다고 말했다.

 그분은 나에게 아내 외에는 대체할 수 없는 것, 즉 자신이 첫 아내로 선택할 정도로 사랑했던 아내의 자리, 자기 아이의 생모(生母)의 자리는 누구도 대체할 수 없다는 점을 깨닫고 그밖에 남이 대체할 수 있는 것은 남편이 해주면서 살아가라는 말을 강의든 책이든 방송이든 기회 있을 때마다 한국 남자들에게 전해 달라고 신신당부했다. 그리고 자기처럼 뒤늦게 그걸 깨닫고 후회하는 남자가 없도록 해 달라고 몇 번이고 부탁했다.

 나는 그분의 절실한 부탁을 남편들보다는 만날 기회가 많은 아내들에게 전했다. 남편의 자리나 아이들의 생부(生父)의 자리는 아내가 대체할 수 없지 않은가? 돈을 벌지 못한다던가, 아이 양육에 관심이 적다든가, 친정 부모에게 잘못한다든가 등의 일들은 아내가 대신 할 수도 있는 일들이 아닌가? 아내가 대체할 수 있는 것은 대체하고 살아야 가장 귀중한 것을 잃어버리는 일이 없을 것이다.

3

부부 싸움, 하면 이겨야 한다

부부 싸움 전법 26계

부부 싸움, 알고 합시다

부부 싸움 전법 26계

이제까지 열거한 정보를 기초로 해서 작전을 짜고, 다음에 설명한 전법 중 자기 상황에 맞는 전법을 택해서 자기가 원하는 전리품을 획득해야 한다.

제1계: 인간적인 양심에 호소하라(인간 전법)

요즈음 부부간에 역할 논쟁이 점점 더 심해지고 있다. 젊은 부부들은 많이 달라졌다고 하지만, 아직도 아내에게 맞벌이를 원하는 남자도 집안일은 당연히 아내가 전담해야 할 일이지 남편이 분담해서 해야 한다는 생각은 별로 없다. 따라서 맞벌이하는 아내는 낮에는 직장 생활을 하고, 집에 들어가서는 집안일, 아이들의 교육, 시부모 공양,

집안의 대소사 챙기기 등 전통적으로 아내가 해 오던 모든 일을 다 수행해야 한다.

어쩌다가 직장에서 일이 늦어져 파김치가 되어 들어가면 남편은 누워서 신문을 뒤적이며 빨리 밥을 달라, 남편 굶겨 죽이고 싶으냐, 돈 몇 푼 번다고 남편을 무시하느냐고 하면서 시비를 건다. 남편은 직장일 때문에 시골에 있는 자기 부모님을 찾아뵙는 일이나 대소사에 참석할 수 없지만 아내는 직장을 결근하고서라도 꼭 가야 한다. 직장이 바빠 결근하지 못하면 며느리, 아내 역할을 태만히 하는 못된 여자라 몰아붙인다.

그런가 하면 남편이 집안일을 분담하는데도 도와주지 않는다고 불만 투성이고, 자기가 받은 월급은 액수 조차 알려주지 않으면서 남편이 받은 월급은 당연히 자기가 받아서 관리해야 한다는 아내들도 있다. 또 집에서 살림만 하는 아내들이 직장에서 피곤하게 일하고 들어오는 남편에게 돈도 남보다 많이 벌지도 못하면서 왜 빨리 들어오지 않느냐, 요즈음이 어떤 세상인데 집안일을 도와주지 않느냐면서 시비를 건다. 시가에는 좀처럼 가지 않으면서 남편에게는 처가에 자주 가지 않는다, 맏사위가 처가를 무시한다는 등 불만이고, 현대 남편은 가정 경제를 완전히 책임지는 것은 물론이고 집안일도 도와주어야 한다고까지 생각한다.

한마디로 이중적인 사고방식을 가지고 자기 유리한 대로 조선시대와 현대를 왔다갔다 하는 것이다. 이런 사고방식을 가지고 있는 한 절대 자기가 원하는 행복한 부부 관계나 가정 생활을 영위할 수 없다.

1979년 미국에 갔을 때 워싱턴 DC에서 70살이 넘은 노부부 교포 집에서 며칠 간 묵게 되었다. 45년 전 한국에서 갓 대학을 졸업하고 유학을 온 아내가 운전을 배울 때 사고가 나자 남편이 "내가 평생 동안 당신의 발이 되어 줄 테니 운전을 배우지 말아요."라고 했단다. 아내는 미국에서 그렇게 오래 살면서 결국은 운전을 배우지 않았고, 남편은 처음 한 약속을 그대로 지켜 45년이 넘도록 아내가 원하는 시간에 언제라도 차를 가지고 모셔가고 모셔오는 생활을 하고 있었다. 집에서 살림만 하는 아내라도 그토록 오랜 기간 아내의 운전사 노릇을 하기가 힘들었을 텐데, 아내는 70살이 될 때까지 국회 도서관에 근무하면서 한인 사회의 여성단체 회장 등 여러 가지 사회 활동을 하고 있었고, 남편 역시 사업을 하면서 많은 사회 활동을 하는 분이라 처음 약속이 지켜진다는 것은 상상도 하기 힘든 일이었다.

내가 그곳에 있는 동안 이분들이 한국가정법률상담소 워싱턴 지부 회원과 이화여대 동창들을 초대하여 나를 환영해 주는 만찬을 열었다. 아내가 시장을 가려고 전화를 하면 남편이 즉시 차를 가져오고, 차가 없는 회원들을 모셔오고 모셔가는 일까지 소리 없이 기꺼이 담당했다. 음식 준비는 물론이요 만찬이 진행되는 동안에도 아내를 손님과 있게 하고 자신은 접대를 계속했다. 손님들이 돌아간 후에 아내와 함께 뒷처리를 하고 서로 "오늘 수고 많으셨습니다." 하고 감사하는 모습을 보니 너무 놀랍고 신기하기까지 했다. 더구나 미국에서 젊어서부터 살아온 부부가 서로 대하는 모습이 지극한 사랑을 밑바탕에 깔고 있으면서도 절도 있고 예의 발라 마치 옛날 양반가의 예절과 품위를 방불케 했다.

그곳을 떠나기 전 나는 남편 되시는 분께 "두 분이 생활하시는 모습을 보고 너무 많은 것을 배웠습니다. 특히 남편으로서 아내에게 해주시는 여러 가지가 배려는 너무 존경스러웠습니다."라고 말씀드렸다. 그러자 그분은 내게 무엇이 그리 존경스러웠냐고 물었다. 그래서 "한국 남자들은 젊은층에서조차 집안일은 여자의 몫이라는 생각이 지배적이고, 더구나 아내의 손님을 위해서 음식 준비를 함께하고 요리까지 한다는 것은 상상할 수가 없습니다. 그런데 일제 침략 시기에 태어나 교육을 받은 70이 넘으신 분께서 그토록 아내를 위해 주시니 그 점이 놀랍고도 존경스러웠습니다."라고 말씀드렸다. 그러자 그분은 담담한 어조로 다음과 같이 말씀하셨다

"만약 어떤 사람이 길을 가는데 한 아주머니가 머리에 짐을 이고 등에는 아이를 업고 한 손에는 짐을 들고 다른 한 손에는 어린아이의 손을 잡고 간다면 어떻게 하겠습니까? 인간이라면 짐을 하나라도 들어주고 싶을 거요. 이렇게 알지 못하는 사람도 많은 짐을 지고 가면 짐을 하나쯤 나누어 들어주고 싶은 것이 인간의 인정인데, 하물며 일생을 함께하는 내 사랑하는 아내가 많은 짐을 지고 있는데 그 중 하나쯤 함께 들어주는 것이 칭찬받고 존경받을 일이겠소? 나는 그렇지 못한 사람이 이해가 되지 않소."

부부가 진정으로 행복한 가정을 이루어 가려면 언제인지, 어디서부터인지도 모르게 전해 오는 고정관념에서 해방되어 인간적으로 대처해야 한다. 자기가 하고 싶지 않은 일은 상대도 하기 싫은 것이고, 자

기가 좋은 일은 상대도 좋은 것이다. 이것을 인지상정이라 하지 않는가. 상대가 짐을 잔뜩 지고 힘들어 하는데 그것은 네 일이니 내 알 바 아니라며 뒷짐만 지고 있다면 그것은 비인간적인 행위로, 부부 관계에서뿐만 아니라 사회 생활에서도 추방되어야 마땅하다.

부부 관계에서 역할 문제로 싸움이 일어난다는 것은 서로 인간이기를 포기한 사람들 사이에서 일어나는 한낱 우스꽝스러운 일일 뿐이다. 서로의 입장을 생각해서 인간적으로 행동한다면 자신이 원하는 전리품- 배우자의 사랑, 존경, 행복을 얻을 수 있을 것이다.

제2계: 상대의 말을 귀담아 들어라(대화 전법)

부부 싸움 전법 중 가장 최상의 전법은 대화 전법이다. 불만을 가슴에 묻어 두고 상대가 알아서 풀어 주지 않는다고 원망하고 미워하고 혼자서 상처를 키우면 좋을 것이 없다. 자신의 불만과 주장은 대화를 통해서 상대에게 알리고 함께 풀어야 한다. 자신의 마음도 정확하게 알지 못하는 때가 있는데 다른 사람이 자신의 마음속 깊이 있는 생각을 알아내어 해결해 줄 수는 없는 것이다.

부부간에 대화를 해야 한다면 사람들은 말을 많이 해야 하는 걸로 이해한다. 그러나 대화란 말을 많이 한다고 되는 것이 아니다. 상대가 말을 할 때 잘 들어주면 대화의 70~80퍼센트는 성공한 것이다. 상대의 말을 진지하게 경청함으로써 나에게 요구하는 것이 무엇인지를 정확하게 파악할 수 있고, 그래야만 상대도 나의 말을 진지하게 경청해 주고 나의 요구가 무엇인지를 파악할 수 있기 때문이다.

　대화가 통하지 않아서 살 수 없다며 찾아온 부부들을 만나 상담해 보면, 왜 그들이 대화가 통하지 않는지를 금방 알게 된다. 상대의 말은 전혀 들으려 하지 않고 자기 말만 앞세우며 상대가 말을 하면 중도에서 가로채고 끊어 버린다. 몇 번 그런 일이 되풀이되면 이 여자와는 대화를 할 수 없다, 이러니 이 남자와는 말이 안 통한다면서 화를 내게 마련이다. 이렇게 끊임없이 자기 말과 주장만 하는 부부들을 보면 정말 대화가 안 되는 부부구나 하는 것을 절감하게 된다. 가장 절실하게 대화를 원하면서도 대화의 방법을 알지 못해서 그러한 결과가 초래되는 게 아닌가 하는 생각이 든다.

　부부간에 대화를 원하면 먼저 상대방의 말을 진지하게 들어주고, 자기 주장이나 마음에 들지 않는 점이 있더라도 인내심을 가지고 끝까지 경청해 주어야 한다. 무조건 반대만 할 것이 아니라 상대방의 타당한 의견은 수긍도 해주어야 상대도 자기의 말을 진지하게 경청하고 요구도 들어주어 대화가 잘 통하게 된다는 점을 인식해야 한다.

제3계: 입장을 바꿔 생각하라(투사 전법)

　남편은 나에게 관심이 없다. 하루 종일 집에서 고생하며 자기만을 위해서 희생하고 사는데도 고맙다는 말 한 마디 하지 않고, 아이들이 집안을 조금만 어질러 놓아도 여자가 칠칠치 못하다고 짜증을 낸다. 이제는 남편이 나를 사랑하지 않는 것 같다.

아내는 내가 친구들과 술 마실 자리도 피하면서 용돈을 아껴 선물을 사고, 아이들을 위해서 과자나 과일을 사 가지고 들어가도 고맙다는 말 한 마디 하지 않는다. 하루 종일 밖에서 피곤하게 일하고 들어오는 남편에게 수고했다는 말 한 마디 없이 불만만 늘어놓는다. 어떻게 해주어야 아내가 좋아할지 그걸 알고 싶어 상담을 하러 왔다.

말을 하지 않으면 원하는 게 무엇인지 신이 아니고는 알 수가 없다. 그러나 본인이 상대가 자기에게 어떻게 해주었으면 하고 바라는 자신의 마음은 알 것이다. 자신이 상대에게 바라는 바를 상대에게 그대로 해줄 경우 상대도 본인이 해주었으면 하는 행동을 한다. 이것이 바로 투사(投射) 전법이다.

제4계: 벽돌보다 강한 비눗방울

분명하고, 합리적이고, 단 한 번의 실수도 없이 완벽을 추구하면서 남편과 시부모, 자식에게 헌신적이고, 시집 식구들을 공경하고, 정직하고 바르게 남편 이외의 다른 남자에게 눈길 한 번 주지 않고 살아온 아내—그런 아내를 배신한 남자라면 죄책감을 느끼고 아내에게 미안하다고 생각해야 마땅하다. 그런데 그런 남자들이 오히려 그런 아내에게 증오심을 가지고, 비난하고, 상처와 모욕을 주지 못해서 안달이다.

반면에 살림도 야무지게 못하고, 낭비벽이 있고, 주관이 뚜렷하지 못해 바람에 흔들리는 갈대처럼 상황에 따라 흔들리고, 자기는 절대 그럴 생각이 아니었는데 다른 남자가 꼬드겨 할 수 없이 그랬다며 남편을 배신하고, 그러면서도 남편 앞에서는 남편밖에 없다며 얼버무리고, 상식적으로는 이해할 수 없는 엉뚱한 행동을 일삼는 아내—이런 여자들의 남편은 이혼을 하면서도 아내를 그다지 미워하지 않고 오히려 앞날까지 걱정해 준다.

내가 처음 상담을 시작하던 시절에는 이런 일들을 도저히 이해할 수 없었다. 그런데 지금은 그런 불합리해 보이는 상황들이 조금 이해가 된다. 완벽하고 분명한 아내가 벽돌 같은 여자라면, 뭔가 불완전하고 상황에 따라서 변덕스럽게 바뀌는 아내는 비눗방울 같은 여자다.

벽돌은 그 형태를 뜯어고칠 수도 있지만 흠이 나면 금방 눈에 띈다. 그러나 비눗방울은 그 모양을 마음대로 만들 수가 없고 어디에 흠이 있는지도 잘 보이지 않는다. 손에 잡힐 듯하지만 잘 잡히지도 않는 비눗방울, 순간적으로 사라져 없어질망정 방울로 있는 한은 영롱한 가지각색의 아름다움을 간직하고 있는 비눗방울…….

부부는 무촌으로 일생을 함께 살아가야 한다. 따라서 어느 한 면으로 고정되어 상대에게 전부를 드러내면 오래지 않아 매력을 잃게 되고, 함께 사는 데 곧 싫증을 내게 된다. 그러나 오늘은 이런 면, 내일은 또 다른 면을 보여 주며 항상 신비로움을 잃지 않는 사람은 늘 신선한 즐거움을 가질 수 있게 해준다. 평소에는 벽돌 같은 듯 보이지만 순간순간 비눗방울 같은 면을 상대에게 느끼도록 자기 관리를 할 줄 알아야 탄력 있는 부부 관계를 유지할 수 있다.

제5계: 현대는 자기 PR 시대

우리나라 사람은 자기 장점을 남에게 알리는 것을 부끄러운 일로 여긴다. 더욱이 부부간에는 상대가 스스로 알기도 전에 자기 잘났다고 떠벌리는 것은 있을 수 없는 일이었다. 그러나 현대는 자기 PR 시대다. 당연히 부부간에도 PR이 필요하다. 부부는 남남으로 서로 다른 환경에서 태어나고 자라서 성년이 되어 만났기 때문에 서로 상대의 장단점을 모르는 것이 당연하다.

일반적으로 부부가 되면 말을 해주지 않아도 저절로 상대의 모든 점에 대해서 알게 되고 또 알아야 한다고 생각한다. 그렇지 않을 경우 사랑이 부족해서라고 단정하여 스스로 상처 받고, 그로 인해서 또 상대에게 상처를 준다. 편안하고 행복한 가정을 만들어 갈 수 있는 사람들이 공연히 힘들고 불행한 부부 관계로 전락해 버린다. 남들도 알아보는 자기의 장점과 매력을 막상 함께 사는 남편이나 아내가 알아주지 않으면 괜히 인생이 무의미해지고 서로에 대한 사랑이 식어진다. '다른 부부들은 저렇게 행복하게 사는데' 하면서 남들만 부러워하게 되고, 자신은 하필이면 이런 못난 사람을 만나 불행하다고 생각하는 부부들이 많다.

상대의 장점이나 숨겨진 매력, 인생관을 한 집에서 산다고 해서 내가 정확하게 알 수 없듯이 상대 또한 나에 대해서 알 수 없는 것이 당연하다. 특히 결혼한 지 얼마 되지 않은 부부의 경우에는 상대가 식상하지 않게, 지혜롭게 자기의 장점과 매력을 수시로 조목조목 알려 주어야 한다.

미남이나 미녀가 아니라도 자기 용모 중 매력적인 곳이 어느 한 군데는 틀림없이 있게 마련이다. 남들은 몰라도 자신이 알고 있는 자신의 매력 포인트를 알려 주어야 한다. 현대는 개성 시대이기 때문에 꼭 미남, 미녀일 필요는 없다. 오히려 자신의 외모를 개성화시켜 매력으로 바꾸고, 그걸 상대가 매력으로 느낄 수 있도록 연출해야 한다.

성격에 대해서도 마찬가지다. 성격이 급한 단점을 가지고 있는 대신 결단력이 있고, 과거의 잘못을 가지고 오랫동안 사람을 괴롭히지 않고 그 자리에서 풀어 버리는 점을 홍보하라. 그 반대의 성격이라면 답답한 것 같지만 늘 신중하게 처신하고 충동적으로 행동하지 않는 점을 자기의 장점으로 상대방에게 충분히 알려 상대가 좋은 점은 좋은 점대로 받아들이고, 고칠 점은 함께 살면서 부부의 조화로 풀어 나갈 수 있도록 해야 한다.

이제 나는 매력도 없고, 다른 사람들에게 인기도 없고, 아무것도 할 줄 모른다는 식의 태도를 옛날처럼 겸손의 미덕으로 받아 주지 않는다. 그 사람에게 감추어진 능력과 매력을 알아내고 캐보는 마음과 시간의 여유가 현대인들에게는 없는 것이다. 그러므로 부부간에도 서로를 힘들지 않게 하고 행복한 가정을 이루기 위해서는 항상 적절히 자기 PR을 하면서 살아야 한다.

제6계: 나 자신부터 사랑하라

자신이 스스로를 사랑하지 않는 사람은 타인을 사랑할 수 없다. 또 자신을 사랑하지 않는 사람을 다른 사람이 사랑해 줄 리가 없다.

신혼 초 셋방살이를 할 때는 한 푼을 금쪽같이 아껴 썼다. 달걀 하나를 부쳐도 남편에게만 주고, 남편이 반씩 나누어 먹자고 하면 나는 달걀을 좋아하지 않는다고 하며 먹지 않았다. 어쩌다가 닭을 한 마리 사도 남편의 저녁상에만 올리고, 남으면 다음날 주려고 남겨 두기가 일쑤였다. 그렇게 아끼고 절약한 결과 이제는 집 한 칸 장만하고 살게 되었다.

어느 날 아들이 학교에서 돌아와 남편이 먹다 남긴 닭다리를 먹어치

웠는데 퇴근해서 돌아온 남편이 어른도 알아보지 못하게 자식 교육을 형편없이 시켰다며 벌컥 화를 냈다. 아끼고 살던 때의 습관이 그대로 굳어져서 아내가 먹는 것을 아까워하고 자기만 아는 것까지는 그런대로 이해를 하겠는데, 이제는 자식에게까지 독하게 굴고 있다.

 자식들 역시 제 친구들 어머니에 비해서 늙고 초라해 보이는 내가 창피하다면서 학교에도 못 오게 하고, 이제는 무엇을 물어도 퉁명스럽게 대답한다. 남편이 아내를 무시하는 것과 똑같이 자식들도 어미를 무시한다. 가족만을 위해서 희생하고 살아온 나에게 보답은 하지 못할망정 이토록 무시해서는 더 이상 서럽고 분해서 살고 싶지 않다. 이제 어쩌면 좋겠는가?

 가난하게 살던 시절의 전형적인 어머니상이다. 가족을 위해서 전혀 자기를 돌보지 않고, 잘 먹지도 않고, 따라서 건강까지 나빠져 있는 아내들의 경우 자칫 이렇게 가족들에 대한 원망과 분노로 인한 상처가 깊은 것을 보게 된다. 가정이 안정되고 평화롭고 행복하려면 가정주부, 즉 어머니의 몸과 마음이 건강해야 한다. 어릴 때 아버지와 어머니가 병으로 드러누웠을 경우 집안이 어떻게 되었던가를 생각해 보면 금방 알 수 있는 일이다.

 아내나 어머니의 입장에서도 진정으로 가족을 사랑한다면 먼저 자신을 사랑해야 한다. 특히 자신의 건강은 남이 지켜 주는 것이 아니다. 예를 들어 달걀을 온 가족이 공평하게 나누어 먹고 한 개가 남았다면 그것은 마땅히 어머니가 먹어야 한다. 그것은 자신을 위해서이기도 하지만, 사실은 온 가족을 위해서 먹는 것이다. 가족의 건강을 책임지는 사람은 한 가정의 주부다.

희생은 희생을 요구한다. 자신을 사랑하고 귀하게 존중하면서 자신을 지키는 사람만이 상대에게 사랑을 베풀고 협조할 수 있는 능력과 여력을 가질 수 있다는 점을 명심해야겠다.

제7계: 내 방식이 아닌 상대가 원하는 방식대로 사랑을 표현하라

사랑을 전리품으로 얻고자 할 때는 먼저 상대에게 사랑이라는 무기를 사용해야 한다. 그리고 그 사랑은 자기가 생각하는 사랑이 아닌 상대가 원하는 사랑이어야 한다.

우리나라 사람들은 자식을 사랑할 때 자식이 원하는 사랑을 주지 않고 자기 방식대로 사랑을 준다. 그래서 자식이 자기 방식에 따라주지 않으면 괜히 상처를 받고 자식을 원망하게 된다. 부부간에도 마찬가지로 배우자가 진정 원하는 사랑의 방식이 무엇인지 알려 하지 않고 자기 나름대로 사랑을 표현하여 배우자를 자기에게서 멀어지게 하는 경우가 비일비재하다.

맞벌이 신혼부부인 아내가 남편을 위해서 아침저녁으로 사과 주스를 만들어 주었다. 남편은 이왕 만든 것이니 이번에는 마시지만 다음부터는 힘들게 사과 주스를 만들지 말라고 하면서 자기는 사과를 좋아하지 않는다고 말했다. 그런데 사과를 좋아하는 아내는 남편이 사양하는 걸로 생각하고 또 주스를 만들어 퇴근한 남편에게 권했다. 남편은 좀더 강한 어조로 자기는 사과 주스를 싫어한다고 말했다. 그래도 아내는 남편이 미안해서 그러는 것이라 생각하고 다음날 아침 또 주스를 만들어 주었다. 급기야 남편은 벌컥 화를 내고 마시지 않았고, 아내는 토라져서 며칠 간 남편에게 말을 하지 않았다.

이런 사소하기 그지없는 일이 겹쳐서 결국 이혼에까지 이르는 어처구니없는 일들도 많다. 자기가 좋다고 생각하면 전혀 상대방의 의사는 배려하지 않고 자기 식으로 밀고 나가고, 그것이 받아들여지지 않으면 상대방이 자신의 사랑을 받아들이지 않는다고 원망하며 힘들게 한다. 남들은 그런 좋은 아내와 왜 이혼하려 하느냐고 하지만 남편은 이대로 살다가는 숨통이 막혀 정신병자가 될 것 같다고 하고, 아내는 아내대로 자기는 남편을 사랑한 죄밖에 없는데 왜 이런 대접을 받고 이혼을 당해야 하느냐, 혹시 여자가 있는 게 아니냐고 한다.

왜 자기와 이혼하려 하는지조차 모르는 여자와 어떻게 살겠는가, 어떻게 상대가 싫어하는 것을 강요하는 것이 사랑인가 하며 하소연하는 남편을 보면서 자기가 원하는 사랑이 아닌 상대가 원하는 사랑을 해주어야 효과가 있고, 또 보답을 받을 수 있다는 사실을 다시 한 번 깨닫게 된다.

제8계: 아내 칭찬은 팔불출이 아니다(상대 칭찬 전법)

사람은 자기의 결점을 지적받기보다는 자기의 장점을 칭찬받을 때 기뻐하고, 자기를 인정해 주는 사람을 인정해 주는 게 인지상정이다. 배우자의 장점을 찾아내어 칭찬해 주고, 배우자가 잘한 일이 있으면 상을 주고, 감사할 일이 있으면 감사의 표현을 해야 원만한 부부 관계를 유지할 수 있다.

우리나라 사람들은 칭찬에 인색하다고 한다. 특히 부부의 경우 배우자를 칭찬하면 팔불출이라 하여 흉으로 아는 관습마저 전해 내려온다. 자기는 칭찬받고 감사하다는 말을 듣기를 원하면서 무슨 부부간에 낯 간지럽게 그런 말을 하는가, 말하지 않아도 서로 마음으로 통해야 하는 게 진정한 부부라고 생각한다.

아내는 하루 종일 집안일 힘들게 하고, 남편이 들어오면 기분이 좋게 해주기 위해서 가구 위치를 변경하고, 꽃꽂이 예쁘게 해 놓고, 있는 솜씨 없는 솜씨 다 발휘해서 음식을 장만해 놓는다. 그러나 집에 들어온 남편이 칭찬 한 번 해주는 일이 없고, 어쩌다 아이들이 놀다가 어질러 놓은 장난감이 있으면 여자가 하루 종일 집에서 무엇 하느라 청소도 하지 않았느냐고 야단을 친다.

남편은 여자가 집안에서 하는 일이란 게 다 그런 건데 뭐 새삼스럽게 칭찬을 하느냐, 그리고 잘못된 것은 그때그때 알려 주어야 고칠 수 있지 않느냐, 내가 집에 들어가면서 용돈을 아낀 돈으로 과일이나 과자 등을 사 가면 아내는 한 번도 감사하다는 말을 하는 일이 없으면서 왜 매일 칭찬을 받으려 하느냐면서 되받는다.

이제 우리나라 부부들도 상대에게 칭찬받고 감사의 표시를 받기 원하면 자신이 먼저 마음속에만 숨어 있는 칭찬이나 감사의 표시, 사랑의 표시를 해야 한다. 특히 부부 싸움을 하는 경우 칭찬 전법은 상대를 공략하는 데 큰 전략이다. 남자들은 여자보다 칭찬에 더욱 약해서 "당신은 이거, 이건 다 좋은데 이거 하나만 고쳐 주면 만점이에요."라고 할 때 자기의 잘못을 간접적으로나마 시인하고 뉘우친다는 점을 아내들은 알아 두어야 한다.

제9계: 선전포고만으로 승리할 수 있다

전쟁에 들어가기 전에는 먼저 상대에게 선전포고를 해야 한다. 부부간의 선전포고란 평소에는 쓰지 않았던 극상의 존대말을 하고 예의를 갖추어 대함으로써 상대가 스스로 무엇인가 자기가 잘못해서 도전을 받고 있다는 것을 느끼게 하는 것이다. 부부간에 그런 묵계가 이루어져 싸울 때마다 실행한다면 전쟁을 하지 않고도 항복을 받아 내거나 원하는 걸 얻을 수 있다. 이것이 최상의 전략이고 전법이다.

내가 알고 있는 부부가 그런 전법을 쓰고 있다는 말을 듣고 상담온 분들에게 알려 주었더니 많은 사람들이 실천해 보고 효과를 보았다고 한다. 부부 싸움 전법 중에 가장 쉽고도 효과가 좋은 방법이 아닌가 한다.

제10계: 물꼬를 터놓아야 한다(도약 전법)

전혀 싸우지 않고 산다는 것이 바로 화목한 부부의 상징이요, 바람직한 부부상이라는 생각은 잘못이다. 고동치는 맥박을 가진 두 사람이 긴 인생을 함께 살아가면서 티격태격 싸운다는 것은 너무도 자연스러운 일이다. 한 번도 싸우지 않고 사는 부부는 고여 있는 물과 같아 평온해 보이지만 그 속은 썩어 있을 수 있고, 싸우면서 살아가는 부부는 더러운 물은 흘려 버리고 새 물로 바꿀 가능성이 많은 것이다.

그런데 새 물로 바꾸는 싸움을 하지 않고 물이 나가는 문을 막아 놓고 밑바닥에 썩어 가라앉아 있는 것들을 파 뒤집는 싸움을 하는 사람들이 있다. 부부 싸움을 할 때에는 이런 잘못을 범해서는 안 된다. 내일은 오늘과 같은 잘못을 다시 되풀이하지 않을 수 있는 방안을 찾아내도록 미래를 향한 도약적인 싸움을 해야 한다. 과거의 일을 들추어내어 되풀이하면서 오늘의 문제까지 보태서 도저히 문제 해결을 할 수 없게 만드는 어리석은 싸움을 해서는 자신이나 부부 생활에 하나도 유익할 게 없다.

제11계: 신혼 때 질서를 잡아야 한다

옛 어른들이 하시는 말씀에 여자는 다홍치마 때 잡아야 한다는 말이 있다. 다홍치마 때 잡혀진 부부의 위상이 일생을 간다는 뜻일 것이다. 신혼 때 세운 부부 관계의 질서나 기본이 일생을 가는 것은 통계나 사례를 볼 때 부인할 수 없는 것으로 나타나고 있다. 신혼 때부터 서로 존중하고, 모든 일을 상의하고, 대화를 통해서 해결하는 질서와 기본을 잡아 놓으면 그 패턴이 부부가 일생을 살아가는 데 적용된다.

하지만 자기가 하는 일은 옳든 그르든 무조건 따르라는 억지와 독선, 불합리한 요구가 받아들여지고 그 패턴이 잡혀지면 그게 그대로 습관화되고, 나중에 그 잘못을 고치려 한다면 너무 힘이 들 뿐 아니라 가정의 평화가 깨지는 사태로까지 발전하게 된다. 따라서 신혼 때 올바른 부부 관계의 기본과 질서를 잡아 놓는 일이 무엇보다 중요하다.

한국 최고의 수재가 들어간다는 S대학을 졸업하고 대기업에 근무하는 K씨는 32살에 자기 이상에 딱 맞는, 외국 항공사에서 스튜어디스로 근무하는 여자를 만나서 결혼했다. 아주 미인이고 똑똑한 아내가 돈 많고, 잘생기고, 남들이 소위 일등 신랑감으로 꼽는 모든 조건을 가진 남자들의 프러포즈를 뿌리치고 돈도 없고 미남도 아닌 K씨를 남편으로 선택한 이유는 머리가 좋고 건강한 육체와 정신의 소유자인 점을 높게 평가했기 때문이다. 대부분의 한국 남자들이 거의 가부장제 의식에 젖어 있어 아내는 내조자나 보조자 정도로 생각하고 남편과 똑같은 인간으로서의 인격과 자아를 부정하는 데 비해, K씨는 여자의 인격을 인정함은 물론이고 결혼한 뒤에도 서로의 발전을 위해 가사를 분담하고 밀어 준다는 건강한 사고방식을 가지고 있었다.

그런데 K씨의 친구들과 선배들이 결혼식장에 와서 아내를 보고는 그런 대단한 미인에 외국 항공사에 근무하는 여자를 다홍치마 때 잡지 못하면 너는 일생 동안 아내에게 눌려서 꼼짝도 못하고 살 것이다, 부부간에 의견이 다를 때는 절대 양보하지 말고 너의 주장을 강력하게 밀어 관철시키고, 아내의 일정도 일일이 체크하고, 월급도 네가 관리하고, 집안일은 아내가 집에 있는 동안에는 절대로 해주지 말라며 K씨에게 단단히 주의를 주었고, K씨도 그렇게 하겠다고 생각하며 그 말을 따랐다.

처음 한두 번은 결혼 전 약속과 다르지 않느냐고 항의하던 아내가 K씨의 주장에 따라 주었다. 그래서 역시 살아 본 사람들의 말이 맞구나 하면서 계속 선배들의 조언을 따랐다. 그러다가 아내가 임신해서 출산하려고 친정에 내려갔다. K씨는 일주일에 한두 번이라도 가 보고 싶었는데 선배들이 버릇 나빠진다, 오히려 남편은 어떻게 하라고 그렇게 오랫동안 친정에 가 있느냐고 야단을 치라고 해서 그대로 했다. 그러나 아내는 전과 달리 출산 휴가 6개월 동안 계속 친정에 있었다.

산휴 기간이 끝날 때가 되어 아내를 데리러 갔더니 느닷없이 아내가 이혼을 제의했다. 결혼 당시 왜 자신을 남편으로 선택했는지 분명히 말했는데, 살면서 보니 다른 한국 남자와 조금도 다른 점이 없었다, 아이를 출산하면서 보니 갈수록 더하더라, 위자료도 필요 없으니 지난 2년간 받은 내 월급만 돌려달라, 그것마저도 주기 싫다면 당신 양심에 맡기겠다, 아이는 내가 맡아 기를 테니 양육비는 내고 싶으면 내고 아니면 말아라, 아이가 보고 싶으면 내가 비행 나가고 없을 때 와서 보라고 하며 강경하게 나왔다.

K씨는 그동안 자기가 다소 무리한 행동을 한다고 생각하면서도 아내가 크게 반발하지 않아 잘 되어 가고 있구나 생각했는데, 갑작스러운 아내의 강경한 태도에 크게 당황했다. 그래서 자기 행동은 진의가 아니었고, 주위 선배들이 가정의 기강을 세우려면 그렇게 해야 한다고 해서 그 충고를 따르다 보니 그렇게 되었다, 그런데 이혼을 생각할 정도로 깊은 상처를 받았으면서 그동안 왜 한 마디도 하지 않았느냐, 이제라도 결혼 초의 약속으로 돌아갈 테니 이혼이란 말은 꺼내지 말라고 설득을 했다. 그러나 아내는 지난 2년 동안 달라지지 않은 남자가 이제부터 달라지리라 생각하지 않는다, 서로 다투고 추한 면을 들추면서 실랑이하는 게 싫다, 서로를 더 혐오하고 증오하기 전에 헤어지자고 했다.

K씨가 서울로 올라와 주위 사람들과 의논했더니 아내가 아이를 맡겠다는 걸 보면 아이에 대한 애착심이 있는 것 같으니 아이를 줄 수 없다고 해라, 그러면 아이 때문에라도 이혼을 못할 것이라고 해서 아이를 줄 수 없다고 했다. 그러자 아내는 남자가 혼자 회사 다니면서 아이 기르기가 어려울 것 같아서 자기가 맡는다 했는데 이제 남편이 맡아 주면 자기는 더욱 좋다, 당신이 원할 때 아이를 볼 수 있도록 허락했듯이 내가 보고 싶을 때 보게 허락하고 내가 보러 가는 동안에는 나와 부딪히지 않도록 해 달라고 했다.

K씨는 아내를 너무 사랑하고 잃고 싶지 않았다. 일생에 이렇게 대화가 통하고 마음에 드는 여자를 다시 만날 수 없다고 생각하고 법적인 것을 알아보니 아내가 주장하는 이유로는 이혼이 안 된다 해서 아내에게 그 사실을 알려주었다. 그러자 아내는 외국 남자와 결혼할 생각은 없고 한국 남자에게는 질려 버렸으니 다시는 결혼하지 않고 혼자 살려고 생각한다, 그러니 이혼이 법으로 되든 안 되든 상관 없다, 그러나 함께 살지는 않겠다, 하지만 남자는 일생 혼자 살 수 없을 것이니 당신이 이혼하고 싶을 때 요청하면 해주겠다고 했다.

K씨는 최후로 상담소를 찾아왔다. 아내를 불러 자기의 진실을 알려주고 마음을 돌리도록 설득을 좀 해 달라고 했다. 그러나 그 정도로 냉철하고 분명하게 결심을 했다면 그 누구의 말에도 움직일 것 같지 않았다. 부인은 2년 동안 심사숙고해서 내린 결정이니 아내와 진정 이혼을 원하지 않는다면 남편 역시 최소한 2년 동안 변함없이 자기의

진실이 아내에게 알려질 수 있도록 노력할 수밖에 없고 그것이 최선의 방법이라고 조언하자 K씨는 자꾸만 당장에 해결 방법이 없는지를 되묻다가 돌아갔다.

책임 없이 함부로 말하는 남의 말만 믿고 부부 관계를 함부로 굴리다가 다시는 만나기 어려운 가장 귀한 사람을 잃게 된 것이다.

제12계: 복잡할 때는 기다려라

일이 얼키고설켜 복잡하게 되었을 때는 그걸 당장 풀려고 초조해 하지 말고 시간을 가지고 기다려 보도록 한다. 모든 복잡하고 억울한 생각을 머리에서 지워 버리고 며칠 동안 먹고 자고 먹고 자고 하면서 머리를 비워 몸과 마음을 재충전한 다음 새로운 맑은 정신으로 전략을 구상해야 한다.

남편은 홀어머니의 외아들입니다. 결혼 당시 저희 집안에선 그런 조건만으로도 남편과의 결혼을 반대하고 있었지만 저 없이는 살 수 없다는 남편의 열정에 휩쓸려 결국 결혼을 했습니다. 결혼 후 지금까지 시어머니를 모시고 살고 있는데 시어머니는 남편에게 매일 저의 일거수일투족을 일일이 보고합니다. 제가 불평을 하면 남편은 시어머니 말만 일방적으로 듣고 그것도 모자라 손찌검까지 합니다.

시어머니는 친구도 없고 일 년에 한 번 정도밖에 외출도 하지 않습니다. 저는 매일 시어머니에게 세 끼 따뜻한 밥을 지어 드리는데, 어쩌다가 친구들을 만나러 나갈 때는 상을 차려 놓고 보온 밥통에 밥을 해 놓습니다. 그러면 시어머니는 그것조차 싫어하고, 남편 역시 시어머니에게 밥도 드리지 않고 나돌아다닌다면서 저를 비난합니다. 더구나 시어머니는 동네에서 제 나이 또래의 여자들만 마주치면 붙잡고 제 흉을 보기 때문에 저는 얼굴을 들고 다닐 수가 없습니다. 이제는 시어머니 뒤통수만 봐도 심장이 뛰고 가슴에서 불이 일어납니다. 남편과도 이제는 온갖 정이 떨어져서 더 이상 살고 싶지 않습니다.

얼마 전에도 시어머니 일로 남편과 싸우고 아이들을 데리고 언니 집으로 갔습니다. 남편이 아이들을 데리러 와서는 이제 당신 입장에서 생각하겠다, 어머니도 얼마 동안 이모님 댁에 가서 계시겠다고 했으니 집으로 들어가자고 합니다. 하지만 시어머니가 남의 집으로 가고 제가 들어가서 마음 편할 리가 없고, 남편 역시 마음 편할 리가 없어 이런 임시방편적인 해결 상태에서 들어가고 싶지는 않습니다. 또 남편이 무섭고, 마음이 불안해서 잠을 잘 수가 없고, 머리가 아프고 가슴도 찢어질 듯이 아픕니다. 일단 병원에 가서 진단부터 받아 봐야 할 것 같은데 남편은 매일 언니 집 주위를 맴돌고, 전화하고, 제가 전화를 안 받으면 아이들을 시켜서 또 전화합니다.

한 번은 아이들이 전화를 했을 때 조카들이 받아서 니네 엄마 없다 엄마가 보고 싶냐고 물었다고 합니다. 우리 아이들이 놀리지 말라고 화를 벌컥 냈고, 남편은 또 길길이 뛰면서 언니와 조카들을 혼내 준다고 벼르고 있답니다. 이런 남편의 태도로 보아서 지금 집으로 들어가도 전혀 달라질 것 같지 않습니다. 아이들이 마음에 걸리지만, 지금 제 심정은 남편을 만나지 않고 빠른 시일 내에 이혼해서 자유로이 살고 싶은 것뿐입니다. 당장 이혼할 수 있도록 도와주십시오.

남편은 이렇게 말한다.

나는 아내를 사랑합니다. 앞으로는 고부간에 문제가 생기면 아내 편에 서서 해결하겠다고 약속하고, 아내와 처가 식구들 앞에서 남자의 자존심을 버리고 잘못을 빌고 사과했습니다. 그러나 처가 식구나 아내는 저를 받아 주지 않을 뿐더러 아이들이 엄마를 보고 싶어 하는데도 만나 주지 않습니다. 아내가 어머니를 보면 가슴이 뛴다고 해서 어머니가 이모님 댁으로 가 계시겠다고 하는데도 이유를 대면서 들어오지 않습니다. 병원에 다녀서 신경이 안정된 다음에 들어온다고 하는데, 일단 집에 들어와서 병원에 다니면 되지 않겠습니까? 내가 옆에서 도와주어야 병도 빨리 치료될 게 아닙니까?

문제가 얽힐 때 화가 머리끝까지 난 상태에서 그 문제를 해결하려 하면 이 부부의 경우처럼 문제가 풀리기보다 더 뒤엉켜 감정이 극에 달하게 된다. 자기 진의가 상대에게 당장에 전달되지 않을 때는 상대에게 냉각기를 주어 생각하게 하고, 자기 자신도 되돌아보면서 시간을 가지고 기다려서 문제를 해결해야 한다. 앞으로는 아내의 말을 존중하겠다고 약속하면서 당장 자기 주장에 따르지 않는 아내를 못마땅하게 생각하고, 아내에게 깊이 생각할 시간을 주지 않고 매일 연락해서 회유했다가 으름장을 놓았다가 해서는 문제를 점점 더 나쁜 방향으로 끌어 갈 뿐이다.

아내의 건강이 극도로 쇠약해진 상태에서 자기 고집만 부려 강제로 집으로 들어가자고 해서는 문제가 해결되기 어렵다. 일단 아내의 신경이 안정되고, 마음이 돌아서서 아이들이 그리워지고, 시어머니에 대해서도 같은 여자로서 또는 인간으로서 동정심이나 이해심이 생길 때까지 기다리고, 아내가 병원 치료를 받을 수 있도록 적극적으로 협조해 주어야 한다. 에너지가 다 소진해 버린 상태에서는 여유 있는 행동이나 판단이 나올 수 없기 때문에 서로 재충전할 수 있는 시간을 가져야 한다.

그리고 이제 우리의 효도의 방법도 달라져야 한다. 우리는 젊어서 고생하신 노부모님에게 효도하는 것은 그분이 일을 하지 않고 편하게 지내시도록 해드리는 것으로 생각하고 있다. 그러나 노부모님은 젊어서와 달리 뼈나 몸에 유연성이 없고 움직이지 않으면 노화가 촉진되어 몸이 빨리 굳어져 버리고 신경통 등 병이 생기기 때문에 젊어서는 운동을 하지 않던 분들도 나이가 들면 운동을 해서 노화로 인해 몸이 굳어지는 것을 방지해야 한다.

가정 형편상 돈을 내고 건강센터 등에 나가서 운동을 하시게 할 수 없다면 할머니가 자기 방 청소를 하고, 자신의 의복을 세탁하고, 밥을 차려 드시는 정도의 운동은 하시게 하는 것이 건강에도 좋고, 정신적으로도 '이제 나는 남의 도움 없이는 살 수 없는 사람이구나' 하는 무력감에서 해방되게 할 수 있다. 진정한 효도가 무엇인지를 알아 실행해야 한다.

제13계: 이보 전진을 위한 일보 후퇴

남편 또는 아내와 주장이 갈려 서로 다툼이 생기고, 상대가 예상 외로 강력하게 나와 자기의 주장이 받아들여지지 않고 자칫 물리적인 힘이 행사될 듯하면 일단은 후퇴를 해야 한다.

남편은 성격이 급하고 자기 주장이 강한 사람이다. 자기가 한 번 옳다고 주장하면 가정을 위해서 도움이 되지 않고 경제적으로도 손해가 날 것이 분명한데도 밀어붙인다. 내 의견은 한 마디도 들으려 하지 않고

오히려 여자가 무얼 알아 그러느냐면서 무시한다. 내가 합리적으로 조목조목 따져서 말하면 자기가 몰리는 기분인지 결국 주먹부터 나온다.

이 경우 아내는 남편이 평소에는 착한 사람인데 한 번 고집을 피우면 양보가 없어 서로 상처를 입고 가정에 손해가 많다고 호소한다. 이런 성격의 사람은 순간을 참지 못하는 대신 뒤끝이 없다. 남편이 자기 주장을 강력하게 고집할 때는 곧이곧대로 당장에 그 자리에서 남편의 주장이 옳지 않음을 밝히려 하지 말고, 일단 그 의견을 받아들이는 척하면서 뒤로 물러서도록 한다. 하루, 이틀 지나 남편의 흥분이 가라앉은 뒤에 합리적인 견해로 남편을 설득해서 스스로 깨닫게 해주어야 한다. 즉 이보 전진을 위한 일보 후퇴 전법을 사용해야 한다.

제14계: 시집 식구 인심 끌기(주는 전법)

남편이 시부모나 시집 식구들에게 주는 것을 가지고 시비해서는 자기에게 전혀 이로울 게 없다. 남편이 시집에 내놓는 것을 주지 못하게 하면 앞에선 안 줄지 몰라도 곧 아내 모르게 건넨다. 혈육을 도와주고 싶어하는 것은 인지상정이다. 결국 갈 것을 인심 잃고 돈 잃고 하지 말고 도리어 앞장서서 시집을 도와 주면 남편이 아내 몰래 무슨 짓을 하지 않는다.

아내 대접, 며느리 대접을 하지 않는다, 시부모나 시집 식구가 자기를 싫어하고 귀하게 대접하지 않는다고 하지 말고 남에게 얻어 쓰지 않고 주고 살 수 있는 축복을 받은 데 대해 감사해야 한다. 돈이 되든 세간이 되든 주어도 무방한 것은 줌으로써 돈으로 살 수 없는 그들의 사랑을 보답으로 받을 수 있다. 만일 장남, 맏며느리가 손아래 시동생이나 시누이 등에게서 얻어 써야 하는 처지에 있다고 생각해 보면 받는 위치가 축복인지 주는 위치에 있는 것이 축복인지 금방 알 수 있다.

대부분의 아내들은 남편이 자기 몰래 시집에 돈을 갖다주면 주더라도 자기와 의논하고 주어야지 그럴 수 있느냐면서 자기를 무시했다고 화를 내고, 시비를 걸고, 냉전을 벌인다. 그러나 이런 아내들은 미리 의논을 한다고 해도 순순히 그러자고 찬성할 아내들이 아니다. 먼저 알려서 한바탕 싸우고, 안 된다고 하는 것을 억지로 지출하면 더 큰 싸움으로 번질 것이 뻔하므로 남편들은 몰래 하게 되는 것이다.

남편이 자기 몰래 시집에 돈을 갖다주었는데 이에 지혜롭게 대처해서 다시는 남편이 자기 몰래 시집에 돈을 주지 못하게 했다는 아내가 있다.

결혼 초 시어머니가 시골에서 올라오시면 얼마간 용돈이라도 드리자고 남편에게 의논했더니 남편은 우리도 살기 어려운데 그럴 필요가 없다고 했다. 그런데 우연히 남편이 몰래 용돈을 드린다는 사실을 알게 되었다. 처음에는 어떻게 사람이 그럴 수 있느냐 따지고 싶었지만 꾹 참고 넘겼다.

그 뒤 기회가 있을 때마다 남편이 3만 원을 드리는 것 같으면 나는 5

만 원을 드리고, 남편이 5만 원을 드리는 것 같으면 나는 8만 원을 드리고 하는 식으로 1년 6개월을 지냈다. 그랬더니 그 뒤로는 남편이 몰래 드리는 것을 중단했다. 결혼 초에는 남편으로서 아내에게 자존심 상하는 느낌과 시부모에 대한 아내의 마음을 믿을 수 없는 점 등이 복합적으로 작용한 것 같고, 시어머니는 내 아들이 번 돈 내가 직접 받지 왜 며느리한테 받는가 하는 생각이 있어서 그런 것 같았다. 남편은 이제 시집에 관한 한 자기보다 아내가 더 잘하리라 생각하고 있고, 시부모 역시 나를 세상에 하나밖에 없는 며느리로 알고 모든 대소사를 의논하신다.

시집 도와주는 걸 시비해 봤자 돈은 돈대로 가고 며느리 인심만 잃어 버린다. 그러면 시집에서 따돌림당하고 무시당하게 되는 것이 상식이다. 현명한 아내 노릇, 며느리 노릇 하기가 그렇게 어려운 일만은 아니다.

제15계: 되로 주고 말로 받기

배우자가 공부를 한다든가, 잠시 직장 없이 놀고 있어 자신이 가정 생활을 꾸리는 경우 부양을 받는 상대가 심적인 부담을 느끼는 말이나 행동을 해서는 안 된다. 사람은 자기가 가장 어려운 시기에 생색내지 않고 도움을 준 사람을 평생 잊지 못하고, 기회가 있으면 그 은혜에 배로 보답해 주고 싶은 것이다. 반대로 도움을 주면서 있는 생색,

없는 거드름을 다 부렸던 사람에게 받은 마음의 상처는 평생 깊이 새겨져 있어 차라리 아무 도움을 주지 않았던 사람에게보다 감정이 나쁜 것이다.

되로 주고 말로 받고 싶으면 줄 때 상대가 수치심을 느끼지 않게 세심한 배려를 해야 한다. 특히 우리나라에서는 가족 부양의 책임은 당연히 남편이 지는 것으로 상식화되어 있어 아내가 가정 경제에 대한 책임을 지는 경우 남편이 자격지심을 느끼거나 자존심 상하는 일이 많다. 자기가 가족을 부양할 때라면 그냥 넘어갈 아내의 말 한 마디, 행동 하나를 가지고도 문제를 삼는 경우가 많으며, 아내들 역시 자기가 하지 않아야 할 일을 하는 것처럼 생각하고 행동하는 경우가 많다.

현행법에서는 부부는 서로 부양의 의무를 상대에게 지게 되어 있다. 남편이 수입이 없고 아내가 수입이 있으면 아내가 남편을 부양해야 하고, 아내가 수입이 없으면 남편이 아내를 부양하는 것이 당연한 일이다. 부부간에 자격지심을 느끼며 스스로 상처를 받거나 상대에게 상처를 주어서도 안 된다. 배우자가 경제적인 능력이 없어 자기가 부양한다고 해서 그걸 생색낸다는 것은 결국은 자신을 불행하게 할 뿐이다.

제16계: 적의 수를 줄여라

남편이 다른 여자를 사귀고 있습니다. 시부모님이나 시집 식구들이 그 여자를 찾아가 남편에게서 떨어져 나가도록 혼을 내주고 남편도 따끔하게 야단을 쳐 주었으면 좋겠는데, 전혀 그럴 기미가 없습니다. 오히려 남편이 다른 여자를 만나게 된 것이 제 탓이라고 생각하는 눈치입니다. 사실 시집에서는 늘 저를 못마땅하게 생각했고, 남편은 그게 싫어 매일 술을 마시다 보니 그렇게 됐다고 볼 수 있습니다.

그리고 보면 남편보다 시집 식구들이 더 원망스럽습니다. 저도 시집 식구들이 보고 싶지 않아서 제사에도 참석하지 않고 아이들도 보내지 않았더니 시어머니가 전화를 해서 몹시 나무라십니다. 어떻게 그럴 수 있는지요? 어른으로서의 도리는 하지 않으면서 며느리한테만 의무와 도리를 요구하는 그들이 정말 싫습니다.

이 아내처럼 남편과 사이가 나쁘고, 남편이 바람을 피우는 게 시부모와 시집 식구 탓이라면서 그들과의 관계를 악화시킬 경우 적의 수를 늘리는 결과가 되어 싸움에서 이길 확률이 적어지게 된다. 남편과 사이가 좋을 때는 시집 식구들과 다소 사이가 소원해도 별 문제가 없지만, 남편과 사이가 나쁠 때는 그들에게 잘 해주고 의견을 들어 우군으로 만들어야 한다. 특히 남편이 다른 여자와 관계가 있을 때에 이혼을 원하지 않고 다시 남편의 사랑을 회복하고 싶으면 시집 식구들이 적극적으로 도와주지 않는다고 해서 그들을 원망하고 욕해서는 안 된다. 이 논리는 남자에게도 똑같이 적용된다.

제17계: 져 주는게 이기는 것이다

지는 것과 져 주는 것은 완전히 다르다. "형이 나한테 지고, 어른들도 나한테 꼼짝 못하고 진다."고 하는 아이들을 보면서 형과 어른들이 그 아이에게 진짜 졌다고 생각하는가, 져 주었다고 생각하는가?

부부간에 사소한 일을 가지고 싸움이 일어났다. 남편은 자기가 지면 남자 체면이 안 선다면서 말이 막히자 끝내 아내에게 손찌검을 한다. 아내 역시 사소한 일부터 지고 들어가기 시작하면 남편이나 주위에서 자기를 얕보고 함부로 하기 때문에 꼭 이겨야 한다고 생각하고 마지막까지 버틴다. 그러나 이런 사람들은 어떤 행동이 진정 자기 체면을 세우는 것이고 배우자의 사랑이나 존경을 받아내는 승리의 방법인지를 알지 못하는 우둔한 사람들이다.

특히 우리나라 남편들은 다른 집 부인에게는 예의를 다하고, 친절하게 대하고, 양보까지 하면서도 자기 아내에게는 예의를 차리기커녕 퉁명스럽게 굴고, 자기 생각을 강제로 밀어붙이며, 절대 져 주지 않는다. 그것은 아내들도 마찬가지다. 남의 남자 앞에서는 옷매무새도 단정하게 하고, 예의를 차리고, 공손하게 굴고, 자기 주장을 관철하려고 억지를 부리지 않으면서도 자기 남편에게는 함부로 대하고, 끝까지 고집을 부리는 경향이 있다. 이런 점은 부부 양쪽이 모두 고쳐야 할 점이다.

자기와 가장 가깝고 긴 시간을 함께 보내는 배우자에게 더 예의를 다하고 사소한 일에는 양보하고 져 주어야만 자기가 원하는 바를 얻어 행복한 삶을 살 수 있다. 사소한 것은 져 주더라도 중요한 일은 자기 주장을 강하게 할 때 상대가 그 주장을 거절하지 못하고 들어주게 되는 것이다.

제18계: 착한 아내(남편)가 착한 남편(아내)을 만든다

착한 아내는 착한 남편을 만들고, 악한 아내는 악한 남편을 만든다는 공자님 말씀이 있다. 사람의 마음속에는 선한 마음과 악한 마음이 공존한다. 남편에게 착한 마음과 행동을 보여 주고 착하게 대해 주면 상대적으로 남편도 착한 마음이 생겨 착한 남편이 되는 반면, 아내가 남편을 악하게 대하면 남편도 악한 마음이 자라나 악한 사람이 되기 마련이다.

잘한 일은 사소한 것이라도 칭찬하고, 인격을 존중하며, 대접할 때 남편은 아내의 기대에 부응하기 위해서 악한 행동을 하지 못하지만 부족한 점이나 사소한 잘못을 일일이 지적하고, 시비하고, 당신처럼 못된 사람은 없다며 수시로 자극을 주면 마음에 숨어 있던 악한 면이 불거져 나와 악한 행동을 유발하게 된다. 반대로 남편이 아내의 잘못을 사사건건 지적하고, 구타하고, "당신은 형편없는 없는 여자다, 구제할 길이 없다."며 모욕이나 주고, 아내의 장점을 밟아 버리고 전혀 부추겨 주지 않을 경우 아내 역시 나쁜 마음만 남게 되어 악한 아내가 된다는 것이다.

우리나라 부부들은 전통적으로 배우자의 장점과 좋은 행동을 칭찬하는 것을 창피하게 생각하고, 남들이 말해 주지 못하는 상대의 잘못만을 지적해 주는 것이 서로의 도리인 양 잘못 인식하고 있다. 그래서 자기들도 알지 못하는 사이에 서로 상처를 주고받으면서 상대의 악한 면을 개발해 주고 있으니 큰 문제가 아닐 수 없다. "惡婦(惡夫)는 惡夫(惡婦)를 만들고 善婦(善夫)는 善夫(善婦)를 만든다"는 진리를 항상 명심해야 한다.

제19계: 때로는 36계 줄행랑이 최선이다

말로 싸우다가 궁지에 몰린 남자들은 자기가 가진 최후의 무기인 무력을 사용하는 경우가 많다. 이때 여자들은 어떤 수단 방법을 써서라도 즉각 그 자리를 피해야 한다. 잘못한 것이 없어도 일단 잘못했다고 하며 넘어가고, 그마저 통하지 않아 무조건 손이 나올 경우 사력을 다해서 도망쳐야 한다.

말로만 싸운 경우 인간의 기억력에는 한계가 있어 며칠 지나면 대부분 잊어버리게 마련이다. 하지만 매를 맞아서 후유증이 있을 경우에는 설거지를 하다가 어깨에 통증이 오거나 비가 와서 몸이 쑤시면 싸울 때의 분한 감정이 되살아나서 싸움이 재발하는 경우도 있다. 부부간에 절대로 물리적인 힘을 써서 손찌검을 해서도 안 되지만 그냥 맞고 있어서도 안 된다. 실제 전쟁에서도 상황이 불리할 때 내일을 도모하기 위해 도망가는 것은 전법 중의 하나로 결코 수치스러운 일이 아니다.

제20계: 정공 돌파 전법

돌아서서 공격하는 것이 효과적인 때가 있고, 정면 공격을 하는 것이 효과적일 때가 있다. 다음과 같은 경우에는 정공법을 사용해야 한다.

빚을 숨기지 말라

살림을 하면서 남편이 주는 돈이 부족하여 얼마씩 남편 몰래 빌려 쓴 돈이 쌓여 가는 경우, 보증을 서 주었는데 그 사람이 빚을 갚지 않아 빚을 진 경우 등 자기 혼자서 해결할 능력이 없는 일이 닥쳤을 때 집안이 시끄러워지고 힐책을 당할까 무서워서 남편에게 숨기고, 마침내 그 액수가 수습할 수 없는 상태까지 커지는 경우가 있다. 이때 혼자 끙끙 앓지 말고 빨리 남편에게 알려 함께 해결해야 한다. 호미로 막을 수 있는 것을 가래로도 막을 수 없을 정도로 끌고 가서는 안 된다.

반찬 값을 아껴 남편 몰래 3백만 원을 모아 가지고 있다가 이웃집 여자에게 4부 이자를 받고 3개월 기한으로 빌려 주었다. 기한이 되었는데 이웃집 여자가 나올 돈이 나오지 않았다며 2백만 원만 더 빌려 주면 한 달 후에 한꺼번에 갚겠다고 해서 할 수 없이 남의 돈을 선이자를 떼고 빌려 주었다. 이런 식으로 처음 빌려 준 돈 3백만 원을 받기 위해 여기저기 돈을 빌려 그 여자에게 준 게 2억이 되었는데 그 여자는 어느 날 자취를 감추고 말았다. 빚쟁이들이 집에 들이닥치자 남편이 자초지종을 알게 되었고, 결국 집안이 풍비박산이 났다.

상담소를 찾아온 부인은 초주검이 되어 있었다. 내가 보기에는 그 여자를 잡는다 해도 돈 2억은 절대 되찾을 수 없을 것 같았다. 그러나 그 부인은 실낱 같은 희망을 걸고 모든 일을 전폐한 채 미친 듯이 그 여자를 찾아다니고 있었다. 우선 건강에 신경을 쓰고, 이제부터 살림을 알뜰히 해서 한 푼 두 푼 모아 빚을 조금씩이라도 갚아 가는 길밖에 없다고 얘기했지만 그 부인은 막무가내였다.

일본 어느 백만장자의 자서전에 이런 내용이 있다.

중소기업을 할 때 물건을 납품받던 회사 사장이 행방을 감추어 버려 우리 회사까지 문을 닫게 되었다. 홧김에 그 사장을 찾으려고 5년간을 아무 일도 하지 못한 채 전국을 헤매었다. 마침내 그 사장을 찾긴 찾았는데 그는 당장에 점심 먹을 돈도 없는 거지 신세가 되어 있었다. 주머니에 있는 돈을 탁탁 털어 그 사장에게 점심을 사 주고 돌아온 나는 다시 사업을 시작했고, 곧 일본 백화점 업계의 큰 인물이 되었다.

그 기업인은 지금의 부를 이룰 수 있었던 것은 유태인의 살아가는 지혜를 배워서 실행했기 때문이라고 쓰고 있다. 유태인에게 돈을 빌려 쓰면서 일본인들과 다른 그들의 돈 관리법을 배웠다는 그의 글을 읽어 보면, 유태인들은 돈을 빌려 간 사람이 약속을 어기고 돈을 조금 더 빌려 주면 한꺼번에 다 갚겠다거나 조금만 더 기다려 주면 꼭 갚겠다고 하는 말을 절대로 믿지 않는다고 한다. 또 그 돈이 들어오면 다른 곳에 갚아야 하는 건데 큰일났다면서 절대 더 빌려 주지 않고 돈이 되면 갚으라면서 오히려 미안하다고 한단다. 그러면 상대의 기분을 상하게 하지 않고, 손해를 보더라도 처음의 액수로 끝내며, 또 언젠가 상대에게 돈이 생기면 끝까지 받아낸다고 한다.

인생을 살아가다가 억울한 일을 당할 경우 그걸 따지고 들어 당장 해결이 될 수 있다면 그렇게 하겠지만 당장 따져도 해결이 불가능할 경우에는 괜히 정력과 시간을 소모하지 않는 지혜를 배워야 할 것이다.

친정 도와줄 때는 당당하게

아직도 우리 사회는 시부모나 시동생들을 도와주는 것은 미덕으로 칭송하는 반면, 친정의 부모나 동생들을 도와주는 며느리는 집안 망칠 여자다, 도둑을 키웠다고 하며 칭송은커녕 비난의 대상이 된다. 이런 전근대적 가부장제에 기초한 불합리한 사고가 잠재되어 있다 보니 여자 자신도 친정이 어려울 때 도와주고 싶어도 남편에게 당당하게 말하지 못하고, 친정 부모님이 찾아왔을 때 여비 드리는 것조차 조심스러워 한다. 옳은 일을 하면서도 죄진 것처럼 주눅이 들어 있는 것이다.

이웃이 어려울 때 인간이라면 도와주어야 마땅한 것이다. 하물며 어려운 처지에 놓인 부모나 형제·자매를 돕는 일은 당연한 도리이고 의무다. 친가와 처가 또는 시가와 친정 가릴 것 없이 효도하고 우애하는 일에는 머뭇거리거나 숨기지 말고 당당하게 해야 한다. 현행법은 여자의 가사 노동의 가치를 인정하고 있다. 남편의 돈을 빼내서 친정의 부모, 형제에게 드리는 게 아니고 자신의 능력 내에서 여자도 자기의 것을 줄 수 있는 것이다.

제21계: 고부는 사랑하는 남자를 사이에 둔 공존(win:win)해야 할 라이벌이다

우리나라의 가정에서 고부간의 문제는 반만 년의 역사를 이어오는 풀 수 없는 숙제다. 고부는 가장 사랑하는 남자를 사이에 둔 라이벌 관계이긴 하지만 다른 라이벌과는 다른 점이 있다. 즉 고부 관계는 한 사람이 승리하면 상대도 승리하고, 한 사람이 패배하면 다른 사람도 패배하는 공존 관계다. 자기를 낳아서 길러 준 어머니를 가슴 아프게 한 아들이 행복한 마음을 가질 수 없고, 자기가 선택한 배우자이자 자기 자식의 어머니인 아내의 가슴을 아프게 한 남편 역시 행복할 수 없다. 두 사람 중 누구든 마음의 상처를 입고 고통스러워하면 그와 가장 가까이 있고 그를 사랑하는 사람도 행복할 수 없기 때문이다.

미국에서 살면 그 문화권에서 살기 때문에 고부 문제로 고통받을 일은 없을 것이라 생각하지만 한국 사람이라면 어디에 가나 고부 문제가 생기게 마련이다. 시어머니가 한국에 있어도 전화나 편지로 아들 부부의 관계에 영향을 주고, 외국에 모셔 가서 살아도 한국에서보다 고부간의 갈등이 더욱 심각해지는 경우가 있다.

한국에서 명문대학 의대를 졸업하고 장학금을 받아 미국에 가서 학위를 받고 그 곳에서 근무하는 남자가 있다. 경제적으로 미국인이 부러워할 정도로 잘살고, 의사로서 그 사회에서 인정을 받았으며, 한국의 명문 여대 약학과 출신인 여자와 결혼해서 남부러울 것 없이 살았다. 그러다가 10년 전 고향에서 혼자 사시던 어머니를 모셔 왔다. 어머니는 말도 통하지 않고, 친구도 없고, 자동차 운전을 못해 가고 싶은 곳에도 갈 수 없기 때문에 일주일에 한 번 자식들과 함께 교회 가는 일 말고는 집안에만 있게 되었다. 며느리와 하루 종일 얼굴을 맞대고 있다 보니 며느리가 하는 일이 마음에 들지 않아 일일이 싫은 소리를 하고, 그러면서도 혼자 있는 게 두려워서 며느리가 외출하는 것을 결사적으로 막았다.

자연히 고부간에 매일 불화가 끊이지 않았다. 그 아내가 남편에게 답답함을 하소연하면 남편은 배웠다는 여자가 늙고 배우지도 못한 노인 한 분 잘 모시지 못하고 하루 종일 힘들게 일하고 들어온 남편을 괴롭히느냐, 어머니가 살면 얼마나 사시겠느냐, 젊은 당신이 참고 잘해드리라면서 당신이 아직 인격 수양이 안 되고 교양이 부족해서 고부 문제 하나 지혜롭게 풀어 가지 못한다는 식으로 비난하며 상대를 해주지 않았다. 이렇게 남편이 자기 어머니 말만 듣고, 시어머니가 무리한 행동을 하며 사사건건 시비를 걸어도 아내는 참으면서 7년을 지냈다.

어느 날 부부가 함께 자동차를 타고 가던 중 우회전을 해야 할 곳에서 갑자기 아내가 남편에게 좌회전을 하라고 말했다. 남편이 이곳은 좌회전 금지 구역이라고 하자 아내가 느닷없이 "이 자식아, 좌회전하라면 하지 무슨 잔소리가 많아."라고 고함을 질렀다. 어찌나 놀랐는지 남편이 운전대를 잠깐 놓칠 정도였다. 그날 이후 아내는 남편이 자기가 하는 말을 듣지 않으면 주위에 누가 있든지 장소와 시간을 가리지 않고 욕을 하고 대들었다. 도저히 지성인으로서 할 수 없는 말과 행동을 하기에 결국 병원에 데리고 갔더니 정신질환이 상당히 깊어졌다는 진단이 나왔다. 7년 간이나 아내 혼자 일방적으로 꾹꾹 참다 보니 정신적으로 병이 들어 깊어 가고 있었다는 걸 의사인 남편도 몰랐다. 그때야 어머니를 한국으로 돌아가시게 하고 아내의 병 치료에 전력을 기울였지만 손을 쓰기엔 너무 늦어 있었다.

정신적으로 건강하지 못한 아내와 아이들을 돌보면서 살아가는 그 남편의 처지는 너무 딱하기 이를 데 없다. 조금만 아내의 입장을 배려하고 고부 문제에 남편이 중간자 역할을 잘 했더라면 서로가 그런 불행을 맞이하지 않았을 것이다. "내 말을 듣지 않으면 당신을 아는 모든 사람에게 알려 망신을 주겠어."라고 하는 병든 아내의 위협에 일도 제대로 못하고 이리저리 끌려다니는 남편을 보면서 고부 문제의 심각성을 다시 한 번 깨닫는다.

서로 불만이 있으면 그때그때 털어놓아야 한다. 남편 역시 그런 일이 있으면 어느 한쪽에게만 참으라고 하지 말고 공정하게 중간자의 역할을 하면서 그 문제를 풀도록 노력해야 한다는 걸 절감하게 된다. 불만이 없는 척하면서 가슴에 차곡차곡 쌓아놓으면 정신적으로 병이 오고, 결과적으로 모든 가족이 불행하게 된다.

노인은 어린아이와 같다. 심리학이나 정신의학에 관한 저서를 보면 "사람은 35세부터 뇌세포가 파괴되기 시작해서 나이가 들수록 더 많이 파괴된다. 그로 인해서 기억력이 감퇴되고, 전반적으로 노쇠 현상이 일어나며, 합리적인 사고를 하는 데 지장을 받는다."고 적혀 있다. 이것은 "늙으면 아이가 된다", "어린아이는 자랄수록 예쁜 짓을 하는데, 노인은 늙을수록 미운 짓만 한다"는 말을 과학적으로 증명해 주는 것이라 하겠다. 그러므로 노인은 어른이므로 자기보다 더한 힘과 영향력을 가진 분이라고만 생각해서 그분들의 행동이나 말씀 한 마디 한 마디가 자신에게 상처를 주려고 하는 것으로 생각하면 안 된다.

어린아이들이 철없이 하는 말과 행동은 이해하고 넘어가 주면서 왜 노인의 말에는 가시에 찔린 듯 민감하게 반응하는가, 인간의 힘으로 막을 수 없는 자연 현상인 노쇠로 인해 자기 통제 능력이 없어지는 노인들을 차라리 환자라 생각하고 돌봐 드리면서 산다는 마음가짐을 가지면 며느리가 상처를 덜 받게 되고 고통도 감해져서 고부 관계가 극단적으로 나빠지지는 않을 것이다.

제22계: 맞았을 때는 동네 망신 주기

집안에서는 인간 이하의 행동을 하고, 아내를 두들겨 패고, 상스런 욕을 하면서도 남들에게 자신의 그러한 행동이 알려지는 것을 싫어하고 두려워하는 남자들이 많다. 주위에서 인격자로 대접받기를 바라고 체면을 대단히 중요하게 생각하기 때문이다. 여자들 역시 자기가 남편에게 맞는 일이 주위에 알려지면 망신이라 생각하고, 매를 맞으면서도 남이 알까 봐 대항하지도 못하며, 울면서 소리치지도 못하고, 상처가 다 아물고 멍이 다 가실 때까지 병원에도 가지 않고 집안에만 틀어박혀 있는다. 그러면서 그런 행동이 자기와 남편의 명예를 지키고 가정이 깨지는 걸 막는 희생적이고도 칭찬받을 행동이라고 생각한다.

또한 이런 것을 자식들을 위해서 참고, 무조건 복종하고, 양보하는 것을 미덕으로 생각하는 경향이 있다. 그러나 어머니가 맞는 것을 보고 자란 아이들은 사회에 나와 다른 사람을 때리는 데 전혀 죄의식을 느끼지 않는다고 한다. 이와 같이 비정상적인 가정의 아이들은 정신병적인 환경에서 자라게 되고, 자기도 모르는 사이에 정신병자가 되어 버린다.

여자는 절대 부부간에 폭력이 사용되어서는 안 된다는 의지를 보여주어야 한다. 대화로 해결하지 않고 물리적인 힘을 사용하려 할 경우 밖으로 뛰쳐나와 주위에 도움을 요청해야 한다. 남자가 구타한 사실 또는 하려고 한 사실을 주위에 알리는 데 주저하지 말아야 한다. 그럴 경우 정신에 문제가 있지 않는 한 우리나라 남자들은 체면을 중요시

하기 때문에 마음에 안 든다고, 자기 말을 안 듣는다고 아내를 쉽게 구타하지는 못할 것이다.

그래도 구타를 당하는 경우에는 꼭 병원에 가서 치료를 받든지 입원을 해서 아내를 구타하면 경제적으로도 많은 손해를 보게 된다는 것을 남편 스스로 느끼게 해주어야 한다. 구타를 당하면서도 주위에 알리지 않고 무조건 참으며 치료도 하지 않는 것은 절대 미덕이 아니다. 그것은 정신 질환의 일종이요, 남자를 더 악하게 만드는 간접적인 행위이다.

우리나라 여성들이 남편에게 구타를 당하면서도 계속 부부 관계를 유지하는 데는 몇 가지 까닭이 있다. 첫째는 남편이 포악해서 폭력을 휘둘러도 사랑하기 때문이며, 둘째는 직업도 없고 능력도 없어 완전히 남편에게 의존하며 살아왔는데 남편과 헤어지면 경제적, 심리적으로 불안하다는 공포심 때문이다. 셋째는 남편과 헤어질 경우 당할 모욕감과 자존심 때문이고, 넷째는 아무리 그래도 아버지가 없는 아이를 만들 수 없다는 생각 때문이다. 그러나 이러한 일이 계속되면 자신에게뿐만 아니라 남편과 자녀들에게까지도 큰 피해가 올 수 있다.

남편이 물리적인 힘을 행사했을 경우 아내가 취할 행동을 살펴보면 다음과 같다.

① 우선 자리를 피해야 한다.
② 구타당한 후에는 항상 의료 진단을 받아 두어야 한다. 본인이 생각했던 것보다 더 많이 다쳤을지도 모른다. 의사가 병원 기록을 남길 수 있도록 자기가 당했던 사실을 이야기해야 한다. 이것은

나중에 법적인 증거물이 될 수 있는 자료다.

③ 가까운 경찰서에 가서 보고서를 작성한 후 사본을 요구해서 받아 놓는다.

④ 증거가 될 만한 자료는 모두 모아 둔다. 예를 들면 상처 부위의 사진, 찢어지거나 피 묻은 옷 등을 보관해 놓는다.

그리고 평소에 '나는 다른 사람에게 맞을 이유가 없다, 나는 가치 있는 여성이다, 나는 인격적으로 대접받을 자격이 있는 사람이다, 나는 나를 위한 최선이 무엇인지를 나 스스로 결정할 수 있다. 나는 혼자가 아니다, 나는 다른 사람에게 도와 달라고 요청할 수 있고 도움을 받을 수 있다. 남편의 구타 사실을 주위에 알려 도움을 받는 것은 수치가 아니다' 라는 의식을 가져야 한다.

제23계: 맞불을 놓아라

부부 싸움을 할 때 아내를 때리지 못하면 집안 살림을 부수거나 밥상을 뒤엎어 버리는 남편도 많다. 그러나 내 옆집에 사는 부부는 그 반대다. 그 집의 부부 싸움 장면을 보면 아내는 살림을 집어던지기 일쑤고, 남편은 그걸 말리려고 땀을 뻘뻘 흘린다. 우연한 기회에 그 부인에게 남편은 정말 한국 남자로서는 보기 드문 남자다, 그걸 알면 남편에게 잘해 드리라고 농처럼 말을 건넸다. 그랬더니 그 부인은 속 모르는 소리 하지 말라면서 그렇게 된 데는 긴 사연이 있다고 했다.

신혼 시절 부부 싸움을 할 때면 남편은 무조건 자기 주장에 따르라면서 말을 듣지 않으면 마구 물건을 던지고 부쉈다. 그럴 때마다 부인은 일단 살림살이가 아까워서 잘못했다고 빌고 남편에게 당신 뜻대로 하라고 했다. 그러다 보니 남편은 싸울 때마다 그런 식으로 아내를 굴복시켰고 마침내 이대로는 안 되겠다는 생각이 든 부인은 맞불 작전으로 맞섰다. 남편이 물건을 던지면 자기도 남편이 가장 아끼는 물건을 던져서 깨 버리고, 남편이 두 개를 던지면 아내도 두 개를 던져 버렸다. 그런 일이 몇 번 있고부터는 남편의 그런 못된 버릇이 없어졌고, 도리어 아내가 살림을 부수겠다고 위협하면 남편이 말리는 형태로 바뀌었다고 한다.

배우자의 나쁜 행위가 상습적으로 행해지면 상황에 따라 때로는 맞불 작전으로 대항해서 자기가 의도하는 바 승리를 쟁취하도록 한다.

제24계: 남편은 아내를 사흘에 한 번씩 몽둥이(?)로 때려라

옛부터 전해 오는 말에 "여자들은 3일에 한 번씩 몽둥이로 때려주어야 집안이 조용하다"는 이야기가 있다. 이 말은 남편들이 아내를 때리는 행동을 정당화시키는 데 바탕이 되고 있다.

그러나 우리 법제사나 일제 침략 전까지 부부간의 예의 도덕이 적혀 있는 기록들을 보면 정식 부부간에, 특히 양반가의 부부간에는 서로 존대말을 사용하고 반말이나 하대말을 쓰지 않았으며, 서로 존중하고 존경했다는 것을 알 수 있다. 궁중에서도 내명부에 관한 권한은 전부 왕비가 가지고 있었고, 왕이라도 간섭할 수 없었다고 한다.

그렇게 권한이 뚜렷이 분리되어 있고 지켜야 할 예의와 법도가 엄격한 사회에서 "아내를 사흘에 한 번씩 몽둥이로 때려 주어야 집안이 조용하다"는 말이 공공연하게 전해져 온 데는 그만한 까닭이 있다. 그냥 '사흘에 한 번씩 때려 주어야 한다'고 하지 않고 '몽둥이로 때려야 한다'며 몽둥이를 강조한 것에 깊은 뜻이 간직되어 있는 것이다. 비속어로 몽둥이는 남자의 성기를 상징하는 말로, 내놓고 성교육을 할 수 없는 사회에서 우리 조상들이 은유법을 통해 성교육을 한 것으로 해석된다.

현대의 과학적인 연구 결과로도 원만한 부부 관계를 유지하기 위해서는 건강한 부부의 경우 사흘에 한 번 정도 성관계를 가져야 한다고 되어 있다. 이런 것을 보면 우리 조상들이 그 엄격한 사회에서도 비유를 통해 지혜롭게 성교육을 한 것에 대해 놀라움을 금할 길이 없다.

전통을 따르고 싶은 남편들은 행복한 부부 관계를 위해 '사흘에 한 번씩 몽둥이 휘두르기' 전법을 꼭 사용하도록 할 일이다.

제25계: 과학적 대처 전법

부부 둘이서만 해결할 수 없는 병적인 증상은 시간이 가면 해결되겠거니, 남이 알면 집안 망신이라고만 생각지 말고, 병이 더 깊어져서 치료가 불가능하게 되기 전에 빨리 전문가의 도움을 받아 치료해야 한다.

성 불능 · 불임 · 불감증

신혼여행을 가서 정상적인 부부 관계를 하지 못하고, 돌아와서도 역시 불가능하다고 해서 결혼한 지 얼마 되지 않은 신부들이 상담을 하러 와서 이혼을 들먹이는 경우가 늘어나고 있다. 남편은 역시 자기는 절대 정상이다, 이상이 없다, 결혼 전에는 다른 여자와 아무런 이상 없이 관계를 가졌는데 이 여자와는 되지 않는다며 괴상한 주장을 펴고 더 나아가 여자가 어떻게 성적 불만을 드러내놓고 말할 수 있느냐, 과거가 의심스럽다면서 오히려 아내를 의심한다.

그러다가 양가가 알게 되면 내 자식은 정상인데 당신 자식한테 문제가 있다면서 서로 한참을 다투다가 병원을 찾아가서 진단을 받고, 또 그렇게까지 했으면서도 끝내는 서로 자기 자식의 인생을 책임지라는 둥 감정적이고 원색적인 싸움을 벌이기 일쑤다.

부부는 영과 육의 결합 관계이므로 성관계는 부부 관계의 본질이다. 성 불능은 스트레스로 인한 심리적인 원인과 경험 미숙 등 여러 가지 원인에서 올 수 있다고 전문의들은 말한다. 며칠 간 시도하다가 정상적인 부부 관계가 되지 않는다고 해서 서로에게 상처를 주고 모욕을 주어 부부 관계를 도저히 회복할 수 없을 정도로 파탄에 빠뜨리는 것은 매우 어리석은 짓이다. 주위에 알리기 전에 부부가 함께 전문의를 찾아가 도움을 받도록 한다.

의처증·의부증

결혼 전 사귈 때도 길을 가다가 우연히 다른 남자와 눈이라도 한 번 마주치는 걸 보면 그걸 트집 잡아 때리기까지 했다. 당신 같은 남자와는 결혼할 수 없다고 했더니 당신을 너무 사랑해서 그랬다 다시는 안 그럴 테니 결혼하자고 해서 결국 함께 살게 되었다.

그러나 결혼 후에도 남편의 태도는 바뀌지 않았다. 직장에서도 수시로 전화하고, 텔레비전에서 잘생긴 탤런트나 배우를 보고 멋있다고 하면 또 손이 올라온다. 남편의 친구나 친척이 찾아와 잘 접대하면 그놈과 어떤 관계이기에 그렇게 애교를 떨고 꼬리를 치느냐고 시비를 걸고, 심지어는 환경 미화원에게 수고비를 주며 따뜻한 말 한 마디를 건네도 그것마저 의심을 한다.

그러나 때리고 나서는 나는 당신 없이는 못 산다, 너무 사랑해서 그러는 것이라며 싹싹 빌고 상처를 치료해 주곤 한다. 지금은 나이가 어려서겠지, 좀더 나이가 들면 나아지려니 생각하고, 어른들도 그렇게 말씀하셔서 참아 왔는데 나이가 들수록 그 정도가 점점 심해진다. 이제 나이도 들 만큼 들고 보니 자식들 때문에 이혼할 수도 없고 어떻게 해야 할지 정말 모르겠다.

보통 사람들에 비해 질투나 의심이 지나치다 싶으면 혼자 참는다고 속으로 삭여 버리거나 세월에 맡기려 들지 말고 즉시 전문가의 도움을 받아 초기에 치료를 해야 한다.

알콜 중독

남편은 일단 술이 한 잔 들어가면 며칠 간을 계속 마시면서 직장에도 나가지 않습니다. 자기는 능력이 있는 남자인데 집안에서 뒷받침을 해주지 않아서 이렇게 쪼그라들었고, 직장에서도 자기가 한 만큼 평가를 해주지 않는다며 술로 스트레스를 푸는 것 같습니다. 그런데 날이 갈수록 점점 마시는 양이 늘어 가고, 집안이나 직장에서 자기 역할을 다 하지 못하고 주위 사람들에게 고통을 줍니다. 술을 마시면 나와 아이들을 잠을 재우지 않고 갖은 트집을 잡아 괴롭힙니다. 손찌검도 날이 갈수록 심해지는데다, 요즈음은 술이 깨도 사과를 하지 않습니다. 어떻게 해야 할까요?

우리나라는 술에 대해서 관대한 문화 풍토다. 그래서 남편이 술을 마시고 집에 와서 주정을 부리며 난동을 부려도 일이 잘 안 되어서 그

렇겠거니, 속이 상해서, 스트레스가 쌓여서 그런다고 이해하고 오히려 더 잘 해주려는 경향마저 있다. 더구나 상습적으로 아내에게 손찌검을 하는 남자에게 시집 식구들은 오히려 아내가 남편에게 잘 못해서 그렇다고 책임을 전가하기 일쑤다. 술을 마시고 온갖 나쁜 짓을 해도 일단 술이 깬 후에 몰랐다고 발을 빼면 그대로 이해하고 넘어가고 만다. 그래서 평소 불만이 있으면 의도적으로 술을 마시고 들어가서 행패를 부리는 남편까지 있을 정도다.

하지만 집안에 마약 중독자가 있을 경우에도 그렇게 생각하겠는가? 당장에 병원에 입원시키거나 마약을 손에 넣을 수 없는 곳으로 격리시키려 할 것이다. 술도 마찬가지다. 술을 마시고 한 자신의 행동을 스스로 알지 못하고 남에게 피해를 줄 때는 마약 중독자나 마찬가지다. 그런 지경이면 스스로 치료를 하기가 불가능하다. 따라서 더 심해지기 전에 전문가의 도움을 받아야 한다.

우리나라에서는 흔히 이런 일로 병원에 입원시키는 것을 비인간적이라 생각해서 주위의 시선을 의식하고 꺼리는 경우가 있다. 그러나 거꾸로 병든 남편이나 아내를 치료해 주지 않는 사람이 정말 비인간적이고 배우자로서의 의무를 하지 않는 행위임을 깨달아야 할 것이다.

상습적인 구타

남편은 웃고 이야기를 하다가 갑자기 화를 내고 사람을 때립니다. 사소한 일에도 불같이 화를 내고, 나를 때릴 때 남편 눈을 보면 정상인의 눈 같지 않습니다. 젊은 혈기라 서로 싸우다가 그렇게 때리고 맞기도 하지만, 아이가 생기고 나이가 들면 성질도 죽고, 여유도 생기고, 서로에게 적응력도 생겨서 나아질 것이라고 생각하며 참고 살았습니다. 그러나 날이 갈수록 화도 더 심해지고, 구타의 횟수도 늘어 가고, 때릴 때는 완전히 이성을 잃고 죽일 듯이 독하게 때립니다. 하지만 이성을 되찾으면 사과도 하고, 약을 사다가 발라 주곤 합니다. 아이들을 생각하면 이혼할 수도 없고, 그렇다고 이대로 살다가는 병신이 될 것 같습니다.

이 부인처럼 참고 기다리면 나아지겠거니, 나이가 들면 나아지겠거니 생각해서는 안 된다. 그래서 나아지는 사람은 건강한 사람일 경우이고, 정신적으로 건강하지 않은 사람의 경우는 병을 치료하지 않으면 시간이 가면 갈수록 더 악화되기 마련이다. 더구나 함께 사는 사람

모두에게 전염되어 함께 정신 질환자가 되는 것이다. 상습적인 구타를 막기 위한 여러 가지 방법을 써 보고, 그래도 그 버릇이 하나도 고쳐지지 않는다면 그런 사람은 정신적으로 건강한 사람이라 할 수 없다. 그럴 때는 집안에서 해결하려 하지 말고 전문의를 찾아가서 상담하여 과학적으로 대처해야 한다.

제26계: 휴가 전법

결혼 후 집안 살림, 아이들 양육과 교육, 남편 뒷바라지에 온 정성과 전력을 기울이며 바깥 외출 한 번 하지 않았다. 남편이 쥐꼬리만 한 월급을 가져다 주면 그걸 아끼고 저축해서 집도 마련했다. 그동안 남편은 자기 하고 싶은 취미 생활을 해도 나는 취미 생활은 물론이요 여행 한 번 가 보지 못했다.

그런데 딸이 자라서 대학에 들어가더니 나를 무시하고 자기만 옳다고 고집을 피우고 반항을 한다. 이럴 때 아이 아버지라면 마땅히 어머니의 편에 서서 딸을 야단치면서 그동안 어머니가 가정을 위해 얼마나 희생을 했으며 헌신하고 봉사를 해 왔는지를 알려 주고 나를 감싸 주어야 마땅하지 않은가? 그러나 남편이라는 사람이 어머니의 충고를 간섭으로 생각하고 있는 아이 편에 서서 당신의 독선과 잔소리 때문에 가정이 편할 날이 없다며 제발 가족들 숨통 좀 트고 살게 해 달라고 한다. 어머니이자 아내인 내가 하루만 집을 비워도 엉망이 될 게 뻔한데, 그런 것은 전혀 인정하지 않고 나만 없어지면 가정이 편안할 거라는 남편의 주장에 너무나 배신감을 느낀다. 지금까지 살아온 인생과 세월이 허망하여 미칠 것만 같다.

이런 아내들에게 효과 만점인 방법이 있다. 무작정 며칠 간 집을 떠나서 머리를 식히고, 그런 다음 자신을 되돌아보며 가족과의 관계 등을 생각하는 것이다. 그러나 그렇게 권유하면 그 대답은 거의 뻔하게 같다. 여행을 하려면 우선 돈이 들어야 하고, 집을 비우면 남편이나 아이들 밥이며 시중은 누가 해주느냐, 그 뒤의 후유증도 무섭다며 고개를 절레절레 흔든다.

그러나 그런 나약함 때문에 그 아내들은 결국 그런 상황에서 헤어나오지 못하고 점점 더 악화된 상황 속으로 미끄러져 들어가는 것이다. 서로 감정이 극도로 악화된 사람들이 함께 있다 보면 서로의 잘못만 지적하게 되고, 미워하고, 배신감을 느끼며, 그로 인해서 서로 상처를 더 깊이 주고받을 뿐이다. 심신이 쇠약하면 자기 통제 능력을 상실하기 때문에 평소 건강할 때 도저히 할 수 없는 상식 이하의 행동과 말을 하게 되는 것이다.

그러므로 평생 함께 살 가족의 경우, 특히 주부의 경우 가정의 평화를 위해 휴식 기간이 절대적으로 필요하다. 그런 시간을 갖지 못하고 혼자서만 희생을 감수하다 보니 자식과 남편에게 한 것처럼 상대적으로 자신에게 그들도 보답해 주어야 한다는 생각이 심리 밑바닥에 깔려 있고, 그 기대가 어긋날 경우 감정이 격화되어 심각한 대치 상황으로까지 발전되는 것이다.

딸이 대학에 들어갈 정도로 긴 세월 동안 휴가 한 번 가 보지 못한 아내라면 가족이 휴가를 주지 않아도 열흘이든 한 달이든 휴가 기간을 정해서 마음대로 다녀올 자격을 충분히 가지고 있다. 가족에 대한 배신감과 분함이 감소되고, 이기적인 가족이지만 그래도 그들이 보고 싶고 귀하게 여겨지는 마음이 될 때까지 푹 쉬다 오는 것이 좋다. 또한 가족들에게도 아내와 어머니의 위치가 어떤 것인지를 깨달을 수 있는 기회를 주어야 한다.

결혼 후 한 번도 자기 시간을 갖지 못해 본 아내라면 자신이 임의로 휴가 기간을 정하고 가족에게 통고하는 휴가 전법을 사용하는 것이 자신과 가족을 위해서 바람직하다고 하겠다.

부부 싸움, 알고 합시다

1. 실존하는 적을 있는 그대로 알아야 한다

　남편이 또는 아내가 어떠한 장점과 단점을 가지고 있는가? 외부적으로 나타나는 성격과 내부적으로 잠재되어 있는 성격은 어떻게 다른가? 좋아하는 것은 무엇이고 싫어하는 것은 무엇인가? 무엇을 했을 때 가장 즐거워하고 감사하게 생각하는가? 성장 환경은 어떠한가? 현재 가정이나 직장에서의 위치는 어떠한가? 어떠한 평가를 받고 있는가? 이러한 배우자에 관한 모든 정보를 직접적으로든 간접적으로든 수집해야 한다. 그리고 시집 또는 처가 식구 중 누가 자기 배우자에게 가장 영향력이 있고, 또 배우자가 가장 사랑하는 사람이 누구인지를 알아 그 사람을 아군으로 만들어야 한다.

심리학자나 신경정신과 학자들이 연구해 놓은 책을 보면 "부부 싸움은 상대와 자기의 싸움이 아니라 자신이 만들어 놓은 남편의 상(像), 아내의 상과의 싸움이다"라고 규정하고 있다. 자신이 만들어 놓은 남편의 상, 아내의 상에 맞지 않을 때 그걸 시비하고, 트집 잡고, 다툼을 일으킨다는 것이다. 적에 대한 실제 정보를 정확하게 입수하려 하지 않고 '적은 이럴 것이다, 적의 전력(戰力)은 이 정도일 것이다, 요새는 어느 지점에 구축해 놓았을 것이다' 라고 혼자 상상하고, 그 상상과 맞지 않았을 때 적에게 그럴 수 있느냐고 따지며 화를 내는 것은 정말 어리석은 소치라 할 것이다.

2. 사랑을 느끼는 것은 순간, 사랑을 지키는 데는 부단한 노력이 필요하다

우리는 첫눈에 반해서 결혼했다. 결혼 전의 아내는 수정처럼 맑고 양처럼 순했다. 길을 가다가 불쌍한 사람을 보면 그냥 지나치지 못하고 도와주고, 더러운 것이 있으면 눈을 감고 지나칠 정도로 마음이 여리고 착한 여자였다. 결혼하면 내조를 잘하고 시집에도 잘하겠다고 했다.

그런데 결혼하고 나서는 시집 식구 욕하기가 보통이고, 남편의 사회생활을 조금도 이해하려 들지 않고, 직장일로 조금만 집에 늦게 들어가면 사소한 일로 트집을 잡아 싸움을 걸고, 교양 없는 말을 서슴없이 하고도 부끄러운 줄을 모른다. 동창회에 갔다 오면 누구 남편은 돈 잘 벌어 다이아가 몇 캐럿인데 당신은 뭐냐는 식으로 멸시한다. 지금 아내는 나를 남편이라기보다는 돈 벌어다 주는 기계 정도로밖에 안 보는 것 같다. 이런 여자인 줄 알았으면 결혼하지 않았을 것이다. 사기당한 기분이다.

결혼 전에는 아주 신사다웠다. 결혼해서 살게 되면 내 의견을 존중해 주고, 내가 바라는 일은 전부 해주겠다고 했다. 그런데 결혼 후에 태도가 돌변했다. 사업상이니, 업무상이니 등등의 갖가지 이유를 붙여 술을 마시고, 여자들을 만나고, 매일 늦게 들어온다. 그러지 말라면 남편의 장래를 망칠 여자라느니, 여자가 남자 하는 일에 간섭하면 집안이 잘될 리가 없다느니, 네가 무얼 안다고 간섭하느냐는 등 인격을 무시하는 말을 예사로 한다. 집에서 혼자 무료한 시간을 보내느니 직장이나 학교를 다니고 싶다, 또는 취미 생활을 하고 싶다고 하면 주부가 집을 비우고 어디를 나다니느냐면서 안 된다고 한다. 결국은 남편은 나를 가정부나 집 지키는 개 정도로밖에 취급하지 않고 있다. 나는 이 남자에게 완전히 사기당해 결혼하고 이용당하며 살고 있다.

이처럼 사랑은 하기는 쉬워도 함께 살면서 이를 지켜 나가기 위해서는 부단한 노력을 기울여야 하는 것이다.

3. 부모의 자격을 갖춘 후에 자녀를 가져야 한다

요즈음 이혼하는 부부들은 자녀를 서로 맡지 않으려 한다. 심지어 아들 며느리가 자식을 갖지 않으려 한다고 성화를 하던 할머니, 할아버지도 손자들을 맡아 기르려 하지 않는 경향이 늘어 가고 있다. 사회의 변화로 인해서 이혼율은 늘어가고 있는데 이러한 추세로 나간다면 이혼 부부의 자녀 양육 문제가 심각해질 수밖에 없다.

첫눈에 반해서 열렬히 연애를 하다가 결혼했다. 연애할 때 남편은 나를 인격체로 존중해 주고, 결혼 후에도 아내의 발전을 지원해 주겠다고 했다. 자신은 가부장제 의식을 가지고 여자들에게 군림하려는 남자들을 보면 역겹다고 했다. 그런데 결혼한 후 남편의 태도가 연애 시절과 너무나 달라졌고, 하루하루를 마지못해 사는 것 같다.

내가 대학원 재학 중에 결혼을 했기 때문에 대학원 마칠 때까지는 아이를 갖지 않았으면 했더니 남편이 동의하고 협조해 주었다. 그런데 논문이 통과한 후 피임을 중단하고 아이를 가지려고 시도했는데 두 달이 지나도 임신이 되지 않았다. 남편은 나 때문이라며 책임을 전가하면서 모욕적인 말도 서슴없이 한다. 미친 년, 나쁜 년, 막돼먹은 년 정도의 욕설은 보통이다. 너는 나에게 조금도 도움이 안 되는 여자다, 네가 나에게 아이를 낳아 주었느냐, 집안일을 알뜰히 했느냐, 시집에 잘했느냐면서 한 달 안에 임신이 되지 않으면 이혼하자고 한다. 자기 친구들은 다 아이를 가졌는데 자기가 무엇이 부족해서 아직 아이도 하나 없느냐면서 미친 사람처럼 날뛴다.

우리가 아이 낳기 위해서 결혼했는가? 아이는 사랑의 결실로 생기면 감사하고 안 생기면 어쩔 수 없지 않은가? 그리고 결혼한 지 일 년밖에 지나지 않았고 아직 젊은데 왜 이리 조급하게 굴고 사람에게 상처를 주어야 하는가? 대화를 하려 해도 도저히 배운 사람이라 생각할 수 없을 정도로 자기 말만 옳다고 우긴다. 시부모에게 손자 하나 낳아 드리는 효도도 못한 주제에 뭐 잘난 척하느냐, 부모님 볼 면목이 없다며 길길이 날뛴다. 이런 인간성과 사고방식을 가진 남자와 일생을 함께하는 동반자로 살고 싶지 않다. 이대로 가다가는 정은 정대로 다 떨어지고, 서로가 서로를 할퀴어 심신이 황폐해져서 정신병자가 될 것 같다. 그러기 전에 이혼하고 싶다.

자녀는 부모의 애완동물이 아니라 귀한 하나의 생명체이고 인격체이다. 그렇기 때문에 어떠한 어려운 여건에서도 자녀를 짐스러워하지

않고, 그 아이가 자기에게 있음을 축복과 기쁨으로 생각해야 한다. 또한 성년이 될 때까지 인격적으로 존중하고 보호, 양육, 교육하겠다는 책임의식을 가지고 이를 실행할 의지를 가진 사람만이 부모가 될 자격이 있는 사람이다.

남이 자식을 가졌으니까 나도 가져야 한다는 경쟁심이나 부모가 원하니까, 집안의 대를 잇기 위해서 아이를 가지려는 사람은 부모가 될 수 있는 자격을 갖추지 못한 사람이다. 이러한 사람은 자녀가 자기의 자랑이 되지 못할 때, 자기에게 고통을 줄 때, 자기 생활에 방해가 될 때(이혼, 재혼 등등의 경우) 자녀를 짐스러워하고, 자녀에 대한 책임과 의무를 저버리고 유기할 가능성이 많은 사람이다. 육체적 성숙만으로 곧 부모가 될 자격을 갖춘 것은 아니다.

4. 부부 싸움에 양가 식구가 개입하는 것은 금물이다

얽히지 않은 실타래는 하나나 두 가닥의 실보다 강하지만, 일단 얽히면 한 가닥 얽힌 것을 풀기보다 백 배 어렵다는 것은 세 살 먹은 어린아이도 아는 이치다.

남편은 사소한 일로 부부 싸움을 하고도 자기 어머니에게 다 일러바치고 의논한다. 그러면 시어머니가 직접 오시거나 전화로 나를 야단치시곤 한다. 그리고 중요한 결정 사항들은 나와 의논하지 않고 자기 어머니와 의논하고, 거꾸로 시어머니를 통해서 나중에 내가 아는 경우가 많다. 그러면서도 내가 싸우고 친정에 가 있으면 자기를 망신 주었다며 길길이 뛰면서 화를 낸다. 여자가 부부 싸움 하고 어디로 가겠는가? 그리고 속상한 이야기를 친정어머니 말고 누구에게 할 수 있겠는가? 친정어머니가 사위를 만나서 부부 싸움은 부부끼리 해야지 자기 어머니에게까지 알리고 개입하게 하면 안 된다고 일러 주면 그걸 가지고 또 화를 낸다. 모든 걸 자기 어머니 없으면 혼자서 해결하지 못하는 이런 '마마보이'와 일생을 살아가야 한다고 생각하니 앞길이 캄캄하다.

상담을 와서 이렇게 하소연하는 부인, 그리고 함께 따라온 친정어머니까지 딸의 말에 장단을 쳐 주고 있는 걸 보면 한심할 때가 한두 번이 아니다. 최고 학부까지 나오고 한 가정을 이룬 성인들이 아직도 부모에게서 젖을 떼지 못하고 부부간에 벌어진 사소한 일을 시집으로, 친정으로 가지고 돌아다니며 서로 힐난한다. 요즈음은 이런 마마보이, 마마걸들이 너무 많다.

부모들 역시 성인이 된 자녀의 부부 생활을 부모의 자식 사랑이라는 핑계로 시시콜콜 참견해서 자식들이 독립하여 살아갈 수 있는 능력을 저해하고 있다. 실이 얽히지 않을 때는 많이 있을수록 질기고 끊어지지도 않지만 얽혀 있을 경우에는 하나나 둘이 얽힌 것보다 풀기 어려워지는 것은 누구나 아는 자명한 이치다. 부부간의 싸움에 제삼자들, 즉 친가나 처가 가족들이 개입하다 보면 살 수 있는 부부도 살 수 없게 악화되어 버리는 경우가 많다.

처음에는 딸과 아들을 돕겠다고 관여했지만, 요즈음 젊은 사람들은 예전처럼 무조건 어른 말에 순종하지 않기 때문에 부모들이 모욕감을 느끼고 분노하게 된다. 그렇게 되면 자식의 문제는 뒤로 가고, 부모의 감정이 개입되어 그렇게 버릇 없는 인간과 만약 다시 살겠다면 너를 자식으로 생각하지 않겠다며 이혼을 강요하곤 한다. 특히 아버지들이 관여할 경우 타협의 여지없이 강경하게 나와 아이들 싸움이 어른 싸움이 되고, 마지막에는 모두 함께 어울려 난장판이 되는 경우도 많다.

상황이 이렇게 되어 이혼을 하게 되면, 살 수 있는 부부인데 부모가 관여하여 파탄이 났다며 상대가 그 부모와 연대하여 위자료를 청구할 가능성도 있다. 또 극단적으로 상대의 부모·형제가 부부 사이에 끼어들어 파탄이 났다며 잔인한 보복 행위를 하는 경우가 가끔 텔레비전을 통해 보도되기도 한다.

그러므로 모든 것을 감정적이고 물리적인 행위, 다중의 위협이나 으름장을 사용하여 해결하려 하면 안 된다. 부부 싸움은 당사자에게 맡기고, 부모·형제는 좋은 조정자나 화해자의 역할만 해야 한다. 절대 힘을 과시하여 상대를 강압해서 어떤 결과를 얻어 내려 해서는 안 된다. 특히 여자들의 경우 친정 식구들을 앞세워 남편에게 듣기 싫은 말이나 행동을 해 놓고서는 남편을 만나면 남편의 몇 마디 말에 쪼르르 따라서 집으로 들어가는 일이 많다. 즉 자기는 좋은 역할, 인기 있는 역만 하고 친정 식구는 악역을 맡게 하는 것이다. 이혼하자는 말도 자신이 하지 않고 친정의 부모·형제가 하게 해서 남편이 친정 식구들에게 보복을 하게 만드는 원인을 제공해 주는 것이다. 죽어도 자기 혼자 죽어야지, 부모·형제까지 죽게 만들면 되겠는가?

5. 적이 나를 봐주리라는 낭만적인 생각이나 기대를 가져서는 백전백패다

　남편이 다른 여자와 살면서 집을 돌보지 않아 행상으로 아이들을 길렀다. 남의 집 아이들처럼 교육도 시키지 못하고 잘 먹이지도 못했는데 착하고 건강하게 자라나 공장에서 일하면서 월급 한 푼 안 쓰고 집에 가져다 주었다. 아이들이 번 돈과 행상해서 번 돈을 안 먹고 안 입고 모아서 조그마한 집을 하나 샀다. 장남 명의로 하려 했더니 어머니가 고생하셨다며 어머니 명의로 하라고 해서 내 명의로 했다. 결혼한 후 처음으로 집을 갖게 되어 아이들과 나는 너무 기뻐서 며칠 밤을 자지 못할 정도였다.

　그런데 어디서 소문을 들었는지 수 년 동안 집에 오지도 않던 남편이 찾아와서 과거의 자기 잘못을 사과하면서 함께 살기를 간청했다. 앞으로 아이들 결혼 문제도 있고, 아버지가 없는 것보다는 그래도 있는 게 나을 것 같아서 받아 주었다. 그런데 들어와서 얼마 지나지 않아 자기를 가장으로 취급해 주지 않는다, 어떻게 가장이 집에 들어왔는데 여자가 집을 자기 명의로 가지고 있느냐, 남들이 자기를 비웃어 밖에 나가 일을 할 수가 없다, 돈만 알고 남편을 무시하는 여자와 살 수 없다, 정을 주려고 해도 주어지지가 않는다면서 남편의 위신을 세워 달라고 요구해 왔다. 이제는 젊은 시절과 달리 사람답게 가족을 위하면서 살고 싶다고 해서 아이들의 반대를 무릅쓰고 남편 앞으로 집 명의를 넘겨 주었다.

명의를 옮겨 주고 얼마간은 약속대로 잘하더니 점점 집에 늦게 들어오고 외박을 하는 날이 많아졌다. 어느 날인가 아주 들어오지 않아 이상해서 알아보니 집을 사채업자에게 잡히고 돈을 빌려서 약속 날짜에 갚지 않으면 넘어가게 되어 있었다. 이 사실을 안 아이들이 어려서 그렇게 고생시킨 게 부족해서 그 지긋지긋한 셋방살이 수모를 또 당하게 하느냐, 이번에는 아버지보다 어머니가 더 원망스럽다, 어린 자기들도 아버지에게 집 명의를 넘겨주면 이런 결과가 초래될 것을 뻔히 예상할 수 있었는데 어머니 고집으로 다시 길거리로 나가게 됐다면서 나를 탓한다.

세상에 인간이라면 이렇게 할 수 있는가? 집을 잡혀도 전세금 정도는 남겨 주고 잡혀야 하지 않는가? 어떻게 법으로 다시 집을 찾을 수는 없는가?

자기는 남편의 약점과 아픈 곳을 콕콕 찌르면서 남편이 자기 약점을 찌르면 여자는 그럴 수 있지만 어떻게 남자가 그럴 수 있느냐, 반대로 남자는 그럴 수 있지만 여자가 어떻게 그럴 수 있느냐는 부부, 자기는 밥 먹듯이 이혼하자고 말하면서 남편이 정작 이혼하자고 하면 배신감에 치를 떨면서 여자는 화가 나면 이혼하자고 할 수 있지만 남자는 정말 이혼할 생각이 있어 그러는 것이라고 말하는 여자들이 있다.

현행법은 부부간에 똑같은 권리와 의무를 부여하고 있다. 그러므로 살고 안 살고의 모든 권한을 남자가 가지고 있던 시절과 달리, 현재는 여자의 말 한 마디도 무게가 있어 책임지지 못할 말은 하지 않아야 한다. 또한 부부 싸움도 다른 싸움과 그 본질이 전혀 다름이 없어 적이 적을 배려해 주고 자기가 지면서 상대가 이기도록 도와주지는 않는다는 점을 항상 명심해야 한다.

6. 자기 중심의 이중적 가치관은 불행을 자초한다

요즈음 부부들의 부부관은 자기 유리한 대로 현대와 조선시대를 왔다갔다 한다. 남자가 어떻게 집안일을 하는가, 어떻게 남 앞에서 애정표현을 할 수 있는가, 가정의 주도권은 전부 남자가 쥐어야 그 집안이 질서가 잡히고 안정되는 것이다, 여자는 집에만 있어야 한다, 남편이나 시부모의 말에는 무조건 복종해야 한다, 변소와 처가는 멀수록 좋다, 출가외인이 왜 친정에 자주 가느냐면서 조선시대의 가부장제 의식에서 하나도 벗어나지 않은 남자가 아내에게 맞벌이를 요구하고, 직장 상사의 아내와 사귀어서 진급하는 데 도움을 주기를 바라고, 집안의 어려운 대소사(大小事)는 전부 아내가 맡아 처리하게 하는가 하면, 처가에서 자기를 도와주지 않는다고 시비를 한다.

처가의 경제적인 도움을 받아 유학을 하고 있는 사위의 집에 장인이 출장차 갔다가 들렀다. 마침 싸우고 있는 부부를 불러서 점잖게 타이르자 사위는 자기도 장인과 똑같은 한 가정의 가장인데 제삼자가 왜 남의 가정 일에 간섭하느냐면서 대든다.

시부모의 간섭은 전혀 받지 않겠다는 여자도 시부모가 경제적 지원을 해주지 않는다, 시부모가 생활비도 여유 있게 주지 않고 푼돈으로 주면서 낭비하지 말고 쓰란다, 치사해서 정말 못살겠다며 하소연을 한다.

맞벌이를 하는 어떤 아내는 남편이 집안일을 도와주지 않는다, 자기가 직장을 가지면서는 남편이 월급을 봉투째 가져다 주지 않고 생활비만 얼마씩 내놓는다, 그게 부부냐고 분개하면서 남편이 겉으로는 안 그런 척하면서 자기 월급이 얼마인가를 알고 싶어한다며 남자가 얼마나 치사한지 모르겠다고 한다. 그 여자는 남편이 월급 액수를 전부 알려 주지 않는다고 화를 내면서 그것이 자신에게도 해당된다는 사실을 깨닫지 못한다. 자기가 번 돈은 자기 것이라 자기 마음대로 쓸 수 있다, 여자가 쓰면 가정 살림에 쓰지 다른 데 쓰느냐는 식이다.

남녀평등과 서로의 인격 존중을 열심히 주장하면서, 남편은 가정 경제에 대한 책임을 져야 할 의무를 가진 사람이기 때문에 남편의 월급은 아내에게 알리고 전부 내놓아야 한다고 생각하는 것이다. 자기 유리한 대로 현대와 조선시대의 가치관을 멋대로 적용하는 이런 이기적인 이중 구조 가치관을 무기로 사용해서는 자기가 원하는 승리를 얻을 수 없다.

7. 자기의 능력을 평가절하하고 상대의 능력을 과대평가해서는 안 된다

배우자가 자기를 무시해서 살 수 없다는 사람, 특히 아내들 중에 그런 말을 하는 사람이 많다. 부부가 함께 사는 한 상대가 자신을 배우자로 인정하는 것이라는 생각을 왜 못하는가? 어떤 사람이 무시하고 멸시할 정도의 사람을 평생의 동반자로 생각하고 살 수 있겠는가? 자신이 자기의 능력을 평가절하시켜 스스로가 자신에게 상처를 주어 패배를 자초하고, 상대의 능력을 과대평가해서 미리 백기를 드는 행동을 해서는 안 된다.

8. 불만을 참아 누적시키지 말고 그때그때 풀고 넘어가라

불만이 있는데도 '나만 참으면 가정이 다 조용하지' 하고 꾹꾹 참아서는 안 된다. 그게 누적되어 어느 때 한꺼번에 폭발하면 자신은 물론이고 가족들 모두를 상하게 한다. 불만을 억누르는 정도가 심한 경우 신경성 질환으로 발전하기도 한다. 스프링이 세게 눌리면 눌릴수

록 한번 튀어오를 때 높이 튀어오르는 이치와 마찬가지다.
　부부간에, 가족간에 문제가 생기면 그때그때 대화를 통해 해결하고 넘어가는 것이 큰 싸움이나 이혼을 예방하는 첩경이다.

9. 눈에 보이지 않는 적과 싸워서는 안 된다

　남편은 한국에서 가장 좋다는 대학 출신이다. 나와 혼인할 때 중매인이 소개하기를 우리 집이 여유 있어 혼수는 물론이요 지참금도 많이 가져올 거라고 말을 한 것 같다. 그런데 우리 집안에서나 나는 전혀 그런 말을 한 사실이 없다. 남편이나 그 집안이 그런 걸 바란다는 사실을 알았다면 결혼하지 않았을 거다. 그래서인지 살면서 내가 자기에게 사기를 쳤다는 말을 가끔 한다. 그래서 나도 남편을 진심으로 대하게 되지 않고, 오히려 무시하게 된다. 남편도 나를 진심으로 사랑하지 않는 것 같고, 모든 걸 시어머니하고만 터놓고 의논하고 내게는 말을 해주지 않는다.
　3년 전부터는 더 냉정하게 굴면서 내게 기생충이라는 말까지 했다. 남편은 아이들을 볼 때마다 자기 자랄 때는 이랬다는 둥, 친구 아들은 어느 대학에 들어갔다는 둥 비교하면서 야단치니까 아이들도 남편을 피하고, 남편이 같이 밥을 먹자면 피곤하다고 잠을 자는 척한다. 그러면 내게 교육을 잘못 시켰다고 불같이 화를 낸다. 아이들도 내가 잔소리를 많이 하자 짜증을 내고, 그러다가 큰소리가 나면 남편은 나에게 어머니 구실을 제대로 못한다고 힐책을 한다.

요즈음은 방도 따로 쓰고 있다. 아무래도 여자가 있는 것 같다. 남편에게 그런 말을 했더니 나를 의부증 환자로 몰아붙인다. 내 육감은 절대 틀림이 없다. 이혼은 하고 싶지 않은데 어떻게 해야 할지 모르겠다.

남편의 태도가 수상하다. 그러지 않던 사람이 갑자기 멋을 부리고 귀가가 늦는다. 여자의 육감인데 분명히 다른 여자가 있는 것 같다. 추궁했더니 나를 이상한 여자로 몰아붙여 매일 싸운다. 남편은 무엇이나 나를 속이고, 자기 부모·형제들하고만 의논한다. 돈도 나 몰래 시집 식구들에게 가져다 주고 있는 것 같다.

이런 얘기들은 여자들만 호소하는 게 아니다. 남자들도 꽤 많이 이런 문제를 가지고 상담원을 찾아온다. 자기 눈으로 직접 보지 않은 일은 그게 부부간에 도움이 되지 않고 해가 되는 일일 때, 상대가 아니라고 하면 아닌 걸로 믿어야 한다. 느낌만 가지고 확증 없이 배우자를 의심하면 서로 고통 받고 상처만 입게 된다. 이런 경우는 이혼을 하려고 법에다 호소해도 소용이 없다. 하물며 이혼하지 않고 부부 관계를 유지하려고 생각한다면 느낌만으로 보이지 않는 적을 만들어 싸워서는 안 된다.

10. 자신의 행복은 자신의 노력으로 성취한다

결혼 전에는 나와 결혼하면 행복하게 해준다며 철석같이 약속하더니 결혼한 후에는 싹 달라져서 집에 매일 늦게 들어오고, 음식 투정이나 하고, 여자가 센스가 없다면서 무안을 주고, 같이 외출하는 것도 싫어하고, 자기 친구들끼리만 밖에서 만나 어울려 다닌다. 어쩌다가 집에 있는 날이면 잠만 자고, 아이들과 함께 가족 나들이라도 하자고 하면 자기는 피곤하니 아이들 데리고 나 혼자 나가라고 한다. 집에서 자기 하나만 바라보고 사는 여자 생각을 조금도 안 해준다. 이런저런 불평을 하면 자기는 사회에서 갖은 수모를 다 당하고 고생해서 돈 벌어다 주는데 여자가 집에서 할 일 없이 편해서 그런다며 화를 내고 나가 버린다.

가난한 집안이라 다른 형제들은 모두 초등학교만 졸업했는데 남편은 일류대학을 졸업했다. 남편이 고시 공부를 할 때 중매로 만나서 혼인했다. 남편은 자기가 좀더 능력 있는 부모 밑에서 태어나 공부할 수 있는 환경이었다면 누구도 감히 자신을 추월할 수 없을 정도로 공부를 월등하게 했을 것이다, 그런데 부모 잘못 만나 능력을 키울 수도 발휘할 수도 없이 간신히 대학을 졸업할 수밖에 없었다며 하소연을 했다.

결혼 후 몇 년 간 힘 닿는 데까지 고시 공부 뒷바라지를 했는데 계속 실패했다. 일단 아무 회사에라도 들어가라고 권유했더니 자기 후배들이 간부가 되어 자리잡고 있는데 자존심 상하게 말단 직원으로 들어갈 수는 없다 그러니 이민을 가자고 해서 미국으로 이민을 갔다. 그러나 미국에 가서도 자기같이 한국의 일류대학을 나온 사람이 어떻게 아무 일이나 할 수 있는가, 남편 내조 하나 못해서 클 수 있는 사람 크지 못하게 하지 말고 생활을 책임지라고 해서 내가 막노동까지 하면서 생활을 꾸려 갔다.

　남편은 아무 실속도 없이 교포들 모임에 나가 돈이나 쓰고 다니더니 김영삼 대통령이 취임하자 김영삼 대통령을 보아라, 손명순 여사가 내조를 잘해서 그분의 오늘이 있는 것이다, 나도 그런 처가나 아내를 만났더라면 뒤를 팍팍 밀어주어 지금쯤 한국을 움직이는 지도자가 되어 있을 텐데 내 능력이 사장되고 있다, 지금이라도 이혼해 달라 내 능력을 키워 줄 수 있는 여자 만나서 포부를 펴면서 살고 싶다고 해서 도로 한국으로 나왔다. 지금은 내 친척, 친지들에게 돈을 빌려 쓰면서 괜히 쓸데없는 여자들만 만나고 있다. 어떻게 해야 할지 모르겠다.

　요즘 젊은 부부들 가운데도 이런 한심한 남편들이 적지 않다. 자기는 훌륭한 사업가가 될 수 있는 능력이 있는데 처가에서 자금을 대주지 않아 큰 돈 벌 수 있는 기회를 놓쳤다, 돈 있고 권력 있는 집안의 딸과 결혼했더라면 그 덕으로 빨리 출세할 텐데 못하고 있다, 다른 아내들은 돈을 많이 벌어서 남편이 자기 월급 가지고 골프나 치면서 사교생활을 즐긴다는데 너는 무엇 하는 여자냐, 아내 잘못 만나 인생을 망쳤다면서 아내를 괴롭힌다.
　자기 행복은 자기 손으로 잡는 것이지, 남이 손 안에 가져다가 쥐어 주는 것이 아니다. 남의 도움으로 행복을 얻으려 하는 사람은 죽을 때까지 불행할 수밖에 없다.

11. 신혼 시절이 일생에 가장 행복한 기간이라는 생각은 허상이다

신혼 때는 항상 함께 있고 싶고, 상대에게 아낌없이 주고 싶고, 어떤 행동을 하더라도 사랑으로 보아 주는 기간이라고 흔히 이야기하고, 부부 당사자들도 그런 환상을 가지고 있다. 그래서 남편이 퇴근하자마자 칼날같이 시간을 맞추어 들어오고, 아내의 어떠한 요구나 투정도 다 받아 주는 신혼 시절이 일생을 함께하는 데 가장 꿈 같은 기간이라고 생각한다. 그러나 그 생각은 환상일 뿐이다.

10년 동안 연애를 해서 서로에 대해 모르는 게 없다고 생각하고 결혼한 부부도 결혼한 후 1년 간은 연애 시절과는 너무 다른 면을 상대에게서 발견하게 된다. 그리고 오랜 연애 기간 동안 사기당했다고 생각하며 더 분해 한다. 이렇게 가끔 밖에서 만나는 연애와 함께 생활하는 결혼은 다르다. 하물며 중매로 만난 지 얼마 되지 않아 결혼한 경우라면 전혀 다른 환경에서 자라 서로 다른 사고방식을 가진 두 사람이 함께 살면서 서로 적응하는 데 어려움이 더 많을 것이다. 남자들의 경우에 미혼 때의 자유로운 생활 습관이 남아 있어 귀가 시간이라든가 가정에 대한 책임감 등이 오랜 가정 생활을 해 온 사람들보다 부족할 수밖에 없다.

부부간의 깊은 사랑과 신뢰, 가정에 대한 책임감 등은 세월이 가면서 도타워져 가는 것이다. 사실상 신혼 시절이란 서로를 몰라 부딪히는 기간이고, 서로를 탐색하고 적응하는 기간이라는 것을 알아야 한다.

12. 긍정적인 사고는 최대의 무기다

남남이 만나서 살아가다 보면 좋은 일도 있지만 사업에 실패하고 실직하며 아이들이 입시에 실패하는 것과 같은 여러 가지 마음 상하는 일에 직면하게 된다. 그러나 무엇보다 중요한 것은 사람이다. 사람이 상하지 않고 건강한 데 대해서 감사하고 긍정적으로 대처하는 사람들이 있는가 하면, 이제 인생은 끝났다는 식으로 고민하다가 건강도 잃고, 가정도 깨지고, 급기야 폐인이 되어 주위 사람들을 괴롭히는 사람들도 있다.

이미 잃어 버린 것을 다시 찾을 수 있는 가능성이 적다면 그것에 집착하여 현재 가진 것까지 잃어 버리는 바보짓은 하지 말아야 한다. 인간은 이 세상에 빈손으로 왔다가 빈손으로 돌아간다. 산부인과에 가서 갓 태어난 아기들을 보면, 또는 내로라하는 재벌의 장례식에 가 보면 재산은 물론이요, 겨우 꽃 한 송이조차도 인간이 마음대로 못한다는 사실을 뼈저리게 깨달을 수 있다.

이 세상 모든 것은 누구든지 살아 있는 한 빌려 쓰다가 두고 가는 것이다. 내가 건강하면 다 내 것처럼 빌려 쓸 수 있다. 정신질환자에게 수십 억의 재산이 있으면 무슨 소용이 있겠는가? 가장 귀중한 재산, 남이 뺏앗아갈 수 없는 재산인 정신적, 육체적 건강을 잃지 않은 것에 감사하는 긍정적인 사고를 가진다면 그걸 밑천으로 해서 세상의 모든 것을 다시 얻을 수 있다.

13. 물건은 얻고 버리지만, 사람은 만나고 헤어진다

사람의 만남과 헤어짐을 물건처럼 취급해서 아내를 얻는다거나 버린다는 말을 사용해서는 안 된다. 언어는 사람의 의식을 자기도 모르는 사이에 규율하고 통제하기 때문에 그런 언어를 쓰는 한 살면서 또는 헤어지면서 자기도 모르게 사람을 물건 다루듯 하게 된다. 그래서 자기가 잘 대해 주지 않고서도 상대가 헤어지자고 하면 아직은 버리고 싶지 않은 물건을 남에게 빼앗기기라도 하는 심정으로 오기로 이혼을 해주지 않거나, 이혼하자고 나가 있는 아내를 찾아가서 때리고, 칼로 찌르고, 총으로 쏘아 죽이고, 그 가족에게까지 해코지하는 것이다. 내가 갖지 못할 바에는 부숴 버리겠다는 심보다.

인간은 존엄한 것이다. 자기의 의사를 존중받기를 바라면 다른 사람의 의사도 존중해 주어야 한다. 인간이기 때문에 만날 수도 있고 헤어질 수도 있다. 우리가 배우자를 얻는다거나 버린다는 말을 우리 사회에서 말끔히 없앨 때 부부 관계에서 서로를 인격적으로 대하는 의식이 자리잡을 것이다.

14. 배우자가 자기 부모에게 효도하길 원하면 먼저 실천해라

남자들의 경우 자기는 부모님을 잘 찾아뵙지도 않고, 원하시는 것을 세세하게 알아서 해드리지도 않으면서, 자기 아내에게는 알아서 효도하라고 하고, 잘하지 못했다고 시비를 한다. 자기가 불효하는 데 대한 보상심리인지도 모른다.

중풍으로 누워 계시는 부모님의 똥오줌 한 번 받아낸 적이 없는 자식들이 아내나 올케가 정성을 다해서 모시지 않는다며 트집을 잡고, 인간의 도리를 다하지 못하는 사람으로 몰아 세운다. 그걸 몇 번 되풀이해서 당한 며느리가 견디지 못해서 집을 나가 버리면 부모님을 서로 모시지 않으려고 형제·자매 간에 싸움이 나고, 결국은 집을 나간 며느리에게 자기 집안을 망쳐 놓은 여자라고 욕을 퍼부으며 책임을 전가한다.

말로 하는 효도는 누구나 쉽게 할 수 있지만 실천하기는 어려운 것이다. 자기를 낳아 길러 주신 부모님께 자신도 제대로 효도하지 못하는 것을 남의 자식인 며느리가 어떻게 친자식보다 잘할 수 있겠는가? 평소 부부 사이가 좋을 때는 자기 부모님 걱정 한 번 하지 않던 사람이 부부 싸움만 하면 갑자기 효자, 효녀가 되어서는 배우자가 자기 부모에게 잘 못해서 살 수 없다고 하는 경우들을 본다. 낳아 길러 준 부모님에게 친자식이 잘 못하는데 남이 잘하겠는가? 배우자가 자기 부모에게 효도해 주기를 바라면 항상 자신이 먼저 실천해야 한다.

15. 자기가 완벽하다는 생각에서 벗어나야 한다

어려서부터 똑똑하고 공부를 잘한다고 칭찬받으며 자란 남자들은 자기가 완벽한 인간인 것으로 착각하고 있다. 그래서 자기의 배우자도 완벽해야 한다고 생각하고는 인간이기 때문에 할 수 있는 실수조차 용서하려 하지 않고, 심지어는 자기 실수도 인정하지 않는다. 대학을 졸업할 때까지 공부만 하고 살림은 한 번도 해보지 않은 아내에게 평생 집안 살림만 해 온 자기 어머니와 똑같이, 아니 그보다 더 살림도 잘하고, 친척들에게도 잘하고, 찾아오는 손님 대접도 잘하길 기대한다. 그러다가 그 중 하나라도 잘못하면 부모와 합세하여 자기의 장래와 집안을 망칠 여자가 들어왔다며 몰아붙인다.

또한 이제 겨우 결혼한 지 1년도 안 된 여자가 자신이 시어머니보다 모든 면에서 월등하다고 생각하고 사소한 일이라도 지적받는 걸 싫어한다면, 이것은 이제 갓 태어나서 한 살도 안 되어 기어다니고 걸음마를 배우고 있는 아이가 30살이 넘은 어른보다 더 잘 달려야 하고, 더 잘 달릴 수 있다고 생각하는 것과 같은 논리다.

인간은 자기가 갖지 못한 상대의 재능을 인정해 주어야 한다. 신혼의 어려움과 고부 관계의 문제점에 대해서 1시간 이내에 2백 자 원고지 10매를 써내라는 문제와 똑같은 재료를 주고 동태찌개를 끓여내라는 문제를 며느리와 시어머니에게 동시에 출제해 보자. 며느리는 별다른 어려움 없이 그럴듯하게 원고를 써낼 것이고, 시어머니는 애만 쓰다가 간신히 몇 장 써낼 것이다. 그러나 동태찌개라면 시어머니는 정말 맛깔스럽게 만들어 내놓을 것이고, 며느리는 온갖 정성을 다해서 내놓지만 그 찌개에는 손이 덜 갈 것이다. 시어머니는 자기가 잘하지 못하는 원고 쓰는 능력을 가진 며느리를 인정해 주고, 맛있는 동태찌개를 끓여내지 못하는 며느리는 그런 능력을 가진 시어머니를 인정하면서 서로 자기의 부족한 점을 노력해서 보완해 가야 한다.

자기 능력만 내세우면서 상대를 무시하는 행동으로 자기의 부족한 점, 즉 열등감을 덮어 버리려 하면 안 된다. 인간은 누구나 완벽하지 않기 때문에 자기의 부족한 점과 실수를 인정할 때 본인도 살아가기 편하고, 다른 사람들이 볼 때 따스한 인간미를 느끼게 하는 것이다.

16. 성스러운 가사 노동, 말보다 실천이 중요하다

주부가 가족을 위하여 밥하고, 빨래하고, 청소하고, 집안 가꾸고, 아이들 양육하는 일은 세상에서 가장 숭고하고 가치 있는 일이다. 그래서 그런 일을 가사 노동이니 뭐니 하면서 돈으로 계산해서 따지는 것은 주부와 어머니의 역할을 모독하는 것이라면서 흥분하는 남자들이 많고, 또 이에 동조하는 여자들도 있다. 인간은 누구나 본능적으로 가장 가치 있는 일은 남보다 자기가 먼저 하기를 바라고, 그런 기회가 자기에게 주어지길 바라며, 그런 기회를 잡으려고 노력한다. 그런 일을 함으로써 자기가 가치 있는 인간으로 평가받기 때문이다. 그런데 말로는 가사나 육아가 세상에서 가장 가치 있는 일이라고 하면서도 막상 자기가 그 일을 하는 것을 수치로 아는 남자들, 또 며느리 들어왔으니 자기는 편히 살고 살림은 며느리에게 맡기겠다면서 아들의 월급은 계속 자기가 관리하려는 시어머니들은 절대로 가사를 세상에서 가장 가치 있는 일로 생각하고 있지 않을 것이다.

진정 집안일이나 자녀의 양육, 교육이 가치 있는 일이라면 배우자에게 강요하지 말고 스스로 시간 나는 대로 앞장서서 즐거이 하고, 또한눈에 보이는 평가, 즉 경제적인 평가를 할 때도 집안에서나 밖에서 (부부재산법, 세법 등 관련 법률 제정 또는 개정 시) 앞장 서서 옹호해 줄 때만 주부 자신도 자신이 하는 일이 가장 가치 있는 일이라 의식하며 자긍심을 가지게 될 것이다.

남자들의 주장에 동조하는 여성들도 남편과 사이가 좋을 때는 "당신이 없었더라면 오늘의 우리 가정은 없었을 것이오. 모두 당신의 공로요."라는 남편의 말에 잔뜩 자만심에 취해 있다가 막상 심하게 싸우기라도 해서 "결혼해서 네가 한 게 뭐가 있냐? 돈 한 푼이라도 벌어온 적이 있냐? 그동안 밥 먹여 준 것만도 고맙게 알아라."는 식으로 남편이 말하면 그때서야 정신이 번쩍 난다. 그리고는 상담원을 찾아와서 자기는 제일 먼저 일어나고 늦게 자면서 밤낮으로 가족을 위해서 살았는데 이제 남편이 해놓은 일을 말해 보라고 하니 내놓을 게 하나도 없다, 이렇게 가치 없는 일을 가장 가치 있는 일로 알고 속아서 살아온 내가 어리석었다, 허송한 세월이 아깝다, 지금부터라도 당장 직장을 구해 나가야겠다며 울먹이기 일쑤다.

17. 오늘의 주제에만 초점을 맞춰 속전속결로 끝내라

부부 싸움을 하는 경우 오늘 싸우는 문제에만 초점을 맞추는 부부는 거의 없다 해도 과언이 아니다. 옛날 옛적 일까지 끄집어내서 범벅을 만들어 간단히 해결될 수 있는 문제도 더 복잡하게 만들고, 마침내는 그 사이에 낀 아이들과 양가에까지 상처를 입히는 경우가 많다. 싸

움 당사자들 역시 의도한 바와는 전혀 다른 방향으로 흘러가 버려 처음 자기가 싸움할 때 의도하고 얻으려 했던 것을 얻지 못하고 더 많은 것을 잃어버리는 일이 적지 않다.

부부 싸움을 할 때는 정신을 차려 항상 오늘의 주제에만 초점을 맞추고, 온 힘을 다해서 속전속결로 끝을 낼 때 최소한의 손실을 보고 최대한의 전리품, 즉 자기의 의도하는 바를 얻어낼 수 있다.

18. 남이 준 상처에 스스로 상처를 더하지 말라

남이 자기를 칼로 찔러 상처가 생기면 빨리 병원에 가서 치료를 해야지 가해자가 와서 사과하고 같이 병원에 가지 않는 한 절대로 약도 바를 수 없고 병원도 갈 수 없다고 고집한다면 그것은 자신의 상처를 더 덧나게 하고 악화시키는 어리석은 일이다. 아니, 어리석음을 넘어 정신에 문제가 있다고 할 수 있다.

우리나라 여성들의 대부분이 남편이나 시어머니에게 육체적, 정신적으로 학대를 받아서 생긴 상처에 스스로 상처를 더 내면서 자신을 정신적으로 황폐시키고 고통을 심화시킨다. 잘못을 저지른 사람이라도 그 자리에서 바로 자신의 잘못을 시인하고 피해자에게 진심으로 사과하거나 치료해 주는 것은 쉬운 일이 아니다. 가해자는 자기 나름대로 상대가 자신을 그렇게 만들었다며 자신을 정당화하기 위한 구실을 가지고 있다. 시간이 지나서 이성을 되찾고 흑백이 가려질 경우라면 가해자가 진심으로 사과하겠지만, 그때까지 상처를 방치해 둘 수는 없다.

일단 자신이 먼저 상처를 치료하고, 보상과 사과는 시간을 가지고 나중에 따져서 받아내야 한다. 하물며 평생을 함께 살아갈 부부가 감정이 극에 달한 상태에서 흑백을 가려 자기의 억울함을 해결하려는 것은 어리석은 일이다. 당장 분하다고 밥도 안 먹고 잠도 자지 않는 것은 남이 준 상처에 자신이 다시 칼질을 하는 이치와 같다. 그런 일을 당했을 때는 건강할 때보다 더 잘 자고, 잘 먹고, 머리를 비워 심신을 안정시켜야 한다.

19. 결혼은 밥 얻어먹기 위해 또는 벌어먹이기 위해 하는 게 아니다

학교 교사로 근무하다가 중매로 남편을 만나서 결혼을 했다. 남편이 늦게 들어온다든가 서로 의견이 달라 싸우다 보면 무슨 여자가 자기 주장이 그렇게 강하냐, 남편이 밖에서 힘들게 일해서 돈 벌어다 주면 가정에서 얌전히 살림이나 하면 되지 말이 많다면서 무안을 준다. 그럴 때마다 자기가 돈 벌어다 아내 밥 먹여 준다는 생각 때문에 저 남자가 저런 태도로 나오나 하는 생각이 들어 아주 치사하고, 한편 나 자신이 아주 비참한 느낌이 든다.

하루는 싸우다가 당신이 나에게 밥 좀 벌어 먹인다고 해서 그러느냐며 따졌더니, 남편이 갑자기 웃으면서 "당신, 밥 먹고 살 수 없어서 나와 결혼했어?" 하고 묻는다. 가만히 생각해 보니 친정도 밥 못 먹을 정도는 아니고, 나도 교사로 월급 받아 저축까지 하고 살 정도로 능력이 있었던 여자였다. 어쩌다 결혼한 지 얼마 되지도 않아서 남편에게서 밥 얻어 먹는 여자로 추락했는지 분석을 해보니 어려서부터 할머니나 어머니에게 "결혼해서 남편 밥 얻어 먹고 사는 여자가 가장 행복한 여자다."라는 말을 듣고 자라서 나도 모르는 사이에 잠재의식 속에 그런 생각이 들어 있었던 것 같다.

남편의 말 한 마디로 인해서 그런 생각을 벗어던지고부터는 부부 싸움을 할 때도 당당하게 할 수 있고, 남편을 오해하지 않아 문제 해결이 쉬워졌다.

현대에도 여자는 밥 얻어 먹기 위해서 결혼하고, 남자는 여자와 자식을 벌어 먹이기 위해 결혼한다고 역할을 고정시켜 놓는 경우가 많다. 그리고 사정에 따라 그 역할을 제대로 수행하지 못할 경우 서로 협조해서 문제를 해결할 생각은 하지 않고 상대를 무능력자로 몰아붙이거나 비난하기 일쑤다. 반대로 자신은 밖에 나가서 힘들게 일해 벌어 먹이는데 자기를 상전 모시듯이 하지 않는다며 시비를 하고 가정을 파탄에 이르게 하는 경우 역시 많다.

부부 관계는 사랑을 기반으로 해서 사정에 따라 서로를 부양해야 하는 관계이지 누가 누구를 밥 벌어 먹여 주고 얻어 먹는 관계가 아니다.

20. 사람을 잡으면 돈은 따라오지만, 돈을 잡으면 사람은 따라오지 않는다

연애할 때는 결혼하면 변함없이 사랑하겠다고 약속했고, 신혼 때도 약속대로 아주 잘 해주었다. 그래서 남들이 부러워하는 부부 생활을 해왔는데 어느 날부터 남편의 태도가 이상해지고 내게서 멀어지는 느낌이 들었다. 안 하던 반찬 투정을 하고, 시부모에게 잘못해서 정이 떨어졌다면서 사소한 일로 트집을 잡았다. 이상하다 생각하고 있었는데 알고 보니 다른 여자를 사귀고 있다.

그 사실이 들통나자 처음에는 그 여자를 다시는 만나지 않겠다며 내게 잘 해주는 것 같더니 또다시 그 여자를 만났다. 나와의 사랑은 철없던 시절 진정한 사랑이 무엇인지 알지 못했을 때 했던 것이고, 지금 사귀는 여자와의 사랑이 진정한 사랑이라고 했다. 집안이나 아이들, 내게 쓰는 돈은 한 푼도 아까워하면서 그 여자는 좋은 곳에 데리고 다니면서 먹이고, 입히고, 물건을 사주는 것 같다. 내가 싫다고 해도 따라다니면서 나 없으면 죽을 것같이 굴던 남자가 이제는 다른 여자한테 빠져서 나를 거들떠보지도 않는다.

다른 여자에게 빠져 이성을 잃고 있는 남편에게 결혼 전 자기에게 하던 대로 계속 해 달라고 강요하고, 자기 자신도 그 생각에 사로잡혀 현실을 파악하지 못하는 여자, 남편을 더욱 지겹게 만들어서 결국 자기에게서 멀어지게 하고 있는 아내들 또한 적지 않다. 남편보다 이성적인 아내가 남편의 정신 상태를 파악해서 제정신으로 돌려놓을 생각은 하지 않고 옛날 생각에만 사로잡혀 있다면 될 일이 없다. 사람은 항상 미친 상태나 취한 상태로만 살 수는 없으며, 언제든지 제정신으로 돌아오게 되어 있다.

춘하추동 사계절이 우리가 의식하지 못하는 사이에 자연의 법칙을 따라 오간다. 찌는 듯이 무겁고 지겨운 여름, 살을 에는 듯한 추운 겨울은 빨리 지나갔으면 하는데도 너무나 길게 우리 곁에 머무는 것 같고, 결실의 계절 가을과 만물이 소생하고 꽃피는 봄은 번개처럼 가버리는 것같이 느껴진다.

마찬가지로 인간이 살아가는 데도 희로애락(喜怒哀樂) 윤회의 바퀴를 벗어나지 않는다. 영원히 계속될 것 같던 사랑이 변하고, 다시 회복될 것 같지 않던 사랑이 다시 살아나는 게 인간의 이치고 자연의 이치이다. 한겨울에 여름 옷을 입고 여름에는 이 옷을 입었어도 괜찮았는데 왜 이렇게 춥냐면서 날씨만 원망하는 사람은 얼어 죽든지 병이 나든지 둘 중 하나다. 남편이 겨울이 되었다면 그에 맞춰 두꺼운 옷과 난방으로 대처하면서 시간을 가지고 겨울이 지나기를 기다려야 한다.

남편이 다른 여자를 사귀어 돈을 쓰고 다니면 법으로 그 재산을 묶어 다 쓰지 못하게 할 길이 없느냐, 바람을 피우는 것까지는 이해하는데 돈까지 펑펑 써 버리는 것은 도저히 참을 수 없다고 하는 아내가 많다. 이때 남편과 돈 둘 다 가질 수 있는 상황인가를 파악해야 하는데, 대부분의 경우 둘 다 가질 수 없기 때문에 상담원까지 오게 되는 것이다. 둘 다 가질 수 없는 경우, 이혼을 원하지 않으면 과감하게 재산을 버리고 남편을 선택해야 한다.

사람을 잡으면 돈은 따라온다. 돈은 나누어 쓸 수 있지만 남편의 사랑은 남과 나누어 가질 수 없다. '내게는 당신이 이 세상에서 가장 귀하고 값진 재산이다. 세상에 어떠한 보물도 다 포기할 수 있지만 당신은 포기할 수 없다' 는 자기 마음속의 진실을 상대에게 알려야 한다. 거기서 괜한 자존심을 세운다고 나도 같이 살기 싫은데 자식 때문에 할 수 없이 살아 준다, 자식과 살아가려면 재산이 있어야 한다, 당신이 인간 같지 않은 행동을 했기 때문에 재산을 포기하든지 잘못을 빌라는 식으로 대든다면 자기가 원하는 사랑과 가정의 행복을 되찾을 수 없다.

몇 년 전 유명한 탤런트와 간통해서 아내의 고소로 구속된 남자가 있었다. "아내는 나를 보면 돈 이야기만 한다. 아마 이번 고소도 돈을 더 받아내려고 했을 것이다. 그러나 그녀는 한 번도 돈 얘기를 꺼낸 적이 없고 오직 나만을 사랑한다고 했다. 이슬처럼 영롱하고 순수한 여자다. 단지 나를 사랑한다는 이유 하나만으로 죄인이 되어 상처를 받는 게 너무 가슴 아프다. 일생을 두고 그 사랑에 보답하고, 상처를 치료해 줄 수 있는 일이라면 무엇이든 해주고 싶다."고 기자들에게 말한 사연이 보도되었다.

우리나라에서 최고로 머리 좋은 사람들이 다닌다는 고등학교와 대학을 나온 남자라고 했다. 그런 남자가 연애는 이상이요 취해 있는 상태이고, 결혼 생활은 매일 살아가는 현실이라는 점을 전혀 깨닫지 못하고 있다. 아내는 생활을 하려니 당연히 남편 얼굴만 보면 생활비 달라, 교육비 달라 하기 마련이다. 어쩌다가 아내가 "당신 나 사랑해요?"라고 물어보면 당신이 십대 소녀냐, 유치하게 무슨 소리냐, 말하지 않아도 부부간에는 가슴 밑바닥에 그런 믿음과 사랑이 깔려 있다는 걸 모르냐, 남자들은 밖에서 가족들 먹여 살리려고 눈코 뜰 새 없이 돌아다니는데 여자는 벌어다 주는 돈으로 편하게 살다 보니 사랑 타령이나 한다며 면박을 주기 일쑤였을 것이다. 그러면서도 아내는 자기가 아닌 돈을 원했고, 그 탤런트는 돈이 아닌 자기만을 사랑했기 때문에 사랑을 해준 사람에게는 사랑으로 갚아 주고, 돈을 원하는 사람에게는 멸시와 모욕으로 갚아 주겠다고 하는 것이다.

남편이 다른 여자를 사귀어 사랑 타령을 할 때 아내도 이혼을 원하지 않는 한 절대 평소처럼 돈 이야기를 하지 말고 사랑을 회복시키는

데 전력을 다해야 한다.

21. 다른 여자와 살려면 살라고 하는 아내는 가정 파괴 공범이다

남편이 결혼 후 일곱 번째로 여자를 사귀어 집을 나가 그 여자와 살고 있다. 전에는 이처럼 아주 집을 나가 산 적은 없었다. 아이들도 다 자라서 딸은 결혼을 앞두고 있고, 아들 하나는 대학교에 다니고, 막내가 고등학교 2학년이다. 아이들이 어렸을 때는 나 하나 희생하면 되지 아이들을 희생시킬 수 없다는 생각에 참고 살았다.

지금도 그 마음은 변함없다. 그리고 내 나이 50에 무슨 좋은 일이 있다고 이혼을 하겠는가, 이혼녀라는 말을 듣고 싶지 않아서라도 이혼은 하고 싶지 않다. 남편에게 "당신은 그 여자와 함께 즐거움을 누리고 있으니 나에게는 생활비라도 가져다 주어야 하지 않겠는가, 그 여자와 사는 것은 간섭하지 않겠으니 최소한의 생활비만 달라."고 했는데 주지 않는다. 절대 이혼은 할 수 없다. 어떻게 생활비를 받아낼 수 없는가?

부부는 남남이 만나 사는 사이다. 아내가 남편을 사랑하고 기쁨을 공유할 때 남편은 아내에게 무얼 주어도 아깝지 않다. 대개 아내들은 남편이 가장 소중하기 때문에 돈은 나누어 주어도 남편의 사랑은 나눌 수 없다고 말하는 것을 자존심이 상하는 일이라 생각하며, 그런 말은 첩이나 술집 여자가 하는 것이라고 치부해 버린다.

남편이 아내에게 정이 없어 자식 때문에 할 수 없이 산다고 할 경우, 그 아내는 아이를 키우기 위해서 나를 이용한다, 아이들이 다 크면 나를 버릴 것이다, 한 살 더 먹기 전에 어서 헤어져야겠다며 길길이 뛴다. 인간의 사랑 중에서 가장 절대적이고 본능적이라는 모정도 남편이 그런 말을 하면 흔들리는데, 하물며 이미 아내에게서 마음이 떠난 남자가 "당신은 싫은데 자식 때문에 산다."라는 아내의 말을 들었을 때 마음을 돌이킬 수 있겠는가? 지금 자신만을 쳐다보며 자신에게 기쁨만을 가져다 주는 여자가 있는데 자기에게 족쇄를 채우려는 여자에게 돌아오거나 돈을 주겠다는 남자가 있겠는가?

현행법에서 부부는 배우자의 부정을 적극적으로 막고, 나쁜 행동을 하지 못하도록 모든 방법을 동원해서 도와주어야 할 의무가 있으며, 배우자에게 부정한 행위를 하지 말라고 요구할 권리가 있다. 그러므로 남편이 다른 여자와 바람을 피울 경우 다른 여자와 살아도 좋으니 생활비만 달라고 해서는 절대 안 된다. 그런 말을 하는 사람은 아내의 권리와 의무를 포기한 사람이고, 아내의 자격을 상실한 사람으로 법이 보호할 가치가 없는 사람이다.

22. 인간은 누구나 복합적인 역할을 해야 한다

한 남자의 역할은 남편, 아들, 오빠, 아버지, 친구, 사위, 직장인, 국민 등으로, 한 여자의 역할은 아내, 딸, 어머니, 며느리, 친구, 직장인, 국민 등으로 무척 다양하고 복합적이다. 따라서 자기가 맡은 여러 가지 역할을 균형 있고 조화롭게 수행해야 남들에게 사랑과 인정을 받을 수 있다.

이러한 여러 가지 역할 가운데 하나가 아내 또는 남편의 역할이다. 그 중 하나가 잘 되지 않았다 해서 나머지 역할을 전부 포기하고, 의무를 게을리하고, 하늘이 무너진 것처럼, 땅이 꺼진 것처럼 생활해서는 인간 낙오자밖에 될 수 없다.

집 나간 아내나 자기를 떠난 남편이 뭘 보고 돌아오겠는가? 모든 일을 팽개치고 집 나간 아내를 찾아다니다가 직장도 잃고, 재산도 잃고, 모든 것을 잃었다고 아내를 원망하는 남자에게 어떻게 아내가 돌아와서 그 원망을 감당하며 살 수 있겠는가? 진정 아내가 돌아오길 원한다면 남편 역할 이외의 다른 역할을 충실히 수행하면서 시간을 가지고 아내의 오해가 풀리길 기다려야 한다. 그리고 아내가 돌아오면 넓은 마음으로 받아 주고, 자기 잘못이 있다면 시정하고, 아내의 잘못을 들추어 괴롭히지 않겠다는 마음을 아내에게 전달해야 한다. 이것은 아내의 경우도 마찬가지다.

23. 상대를 막다른 골목으로 몰지 말라

재산은 없지만 가정이 화목하고 서로 위하며 사는 집안인 것 같아서 결혼했다. 그런데 남편의 월급뿐만 아니라 내 월급마저 모두 시어머니에게 가져다 드려야 하고, 그 중에서 용돈만 조금 받아 써야 한다. 하루 종일 간호사로 일하면서 수술이 많은 날은 파김치가 되어 들어오는데도 집안일은 전부 혼자 해야 하고, 시어머니는 전혀 도와주지 않으면서 잘한다, 못한다 사사건건 트집만 잡는다.

그렇게 살다 보니 내가 이 집에 한 남자의 아내로 들어온 게 아니라 일해 주는 머슴에다 돈까지 벌어다 바치는 기계로 들어오지 않았나 하는 생각이 들어 너무 비참하다. 이런 마음을 남편에게 이야기했더니 다른 여자들은 다 잘하고 사는데 왜 당신은 자기만 생각하고 가정을 위해 살려 하지 않느냐면서 이기주의자라고 몰아붙인다.

똑같이 밖에 나가서 하루 종일 일하고, 월급도 전부 내놓고, 겨우 용돈 몇 푼 받아 그것도 어디 썼는지 다 보고해야 하고, 직장에서 돌아오면 집안일은 혼자 다 하고, 야단까지 맞으며 참고 살고 있는 내가, 집에 들어오면 손가락 하나 까딱 안 하는 남편에게서 이기주의자라는 말까지 들어야 하다니 너무 기가 막혀 더 이상 살 수 없다.

공부해서 중장비 운전사 자격을 따려고 1년 간 생활에 대한 책임을 아내에게 부탁했다. 아내가 음식점에 나가서 벌어오는 돈으로 생활을 꾸리고 있다. 그런데 아내는 직장을 나간다는 핑계로 아침밥만 준비해 놓고 새벽같이 나갔다가 밤 늦게 돌아와서 노모가 준비해 놓은 저녁을 먹는다. 주부라면 밤을 지새워서라도 빨래, 반찬 등 가족을 위해서 다 해놓아야 하는데, 맨날 피곤하다면서 집에 들어오면 잠만 자려고 한다. 남편이 마음 놓고 공부하게 뒷바라지하지 못하고, 노모를 부려 먹으면서 가정주부로서 할 일을 성실하게 하지 못한다고 몇 번 이야기했더니 집을 나가 버렸다. 세상에 이렇게 못된 여자가 있는가? 가정을 파탄지

경으로 만들고, 남편과 시어머니를 애먹이기 위해 집을 나간 여자를 법으로 처벌할 수 없는가?

상담을 와서 이렇게 열을 토하는 남자들을 보면 기가 막혀 무어라 말을 할 수가 없다. 그 주부는 하루 종일 음식점에서 고된 일을 하고 집에 돌아와서는 가족을 위해서 자기가 할 수 있는 한 최선을 다했다. 그런데 할 일을 소홀히 한 것으로 몰려 죄인 취급을 받으면 겉으로 내놓고 무어라 대항할 수는 없지만 역시 억울하기 마련이다. 이런 사고 방식을 가진 남편과 시어머니에게는 더 이상 대화가 통하지 않으니까 슬그머니 집을 나가고 만 것이다.

마찬가지로 아내들 역시 남편이 늦게 들어오거나 무언가 석연치 못한 이유를 들 때 계속 형사처럼 추궁하지 말아야 한다. 이렇게 사람을 막다른 골목으로 몰면 쥐가 고양이에게 사력을 다해서 대드는 경우와 마찬가지로 상대도 극단적인 행동을 하게 된다.

24. 내가 의미를 줄 때 배우자는 나에게 '별 남자' 또는 '별 여자'가 된다.

"부모님이 인생을 살다 보면 사람은 다 비슷비슷하다, '별 남자' '별 여자' 없으니 결혼하라고 해서 별로 마음에 들지 않는 사람과 결혼했다. 내 이상에 맞는 사람을 만나서 결혼했더라면 이런 고통을 당하지 않고 살 수 있었을 텐데 너무나 후회가 된다."는 상담을 하는 사람들을 자주 만난다. 반대로 결혼 당시에는 너무나 자기 이상형이라 생각되어 결혼했는데 살아 보니 전혀 아니어서 사기당한 기분이라며 부모님이 추천하는 사람과 결혼하지 않은 것을 후회하는 사람들도 많다. 40년 간 부부 상담을 한 나의 경험에 의하면 '별 남자', '별 여자'는 있다. 타인들은 뭐라고 하든 본인이 자기의 배우자에게 의미를 줄 때 배우자가 아무리 평범한 사람이라도 자신에게는 '별 남자', '별 여자'가 되는 것이다.

이혼, 그 마지막 선택

님이 될까, 남이 될까

이혼을 위한 준비

이혼하는 방법

이혼도 능동적으로 하라

님이 될까, 남이 될까

　이혼은 사회적, 윤리적인 면에서 고찰될 수 있지만 경제적인 면에서 보면 부부가 하나의 경제 단위를 이루고 수입과 소비를 함께하던 관계에서 벗어나 각각 독립하여 수입과 소비를 하는 관계로 해체되는 현상이다. 즉 이혼은 신분상의 부부 관계가 해소될 뿐만 아니라 경제적인 공동 생활의 해체를 의미한다. 그리고 두 사람 사이에 출생한 자녀는 공동체가 해체될 때 누구와 살아야 할 것이며, 그 아이들에 대한 양육비는 누가 지급해야 할 것인가에 대해서 생각해야 한다.
　일단 이혼하겠다는 결심이 서면 그것이 진정한 자신의 마음인지 아니면 일시적인 감정이나 상황에 의해서 충동적으로 그러는 것인지 본인의 마음을 확인해 보아야 한다. 그러기 위해서는 부부 싸움을 한 즉시 또는 얼마 지나지 않아서 내린 결정에 대해서는 이를 행동으로 옮기면 안 된다. 감정이 자신을 지배하는 시간에 내린 결정은 시간이 지나면 후회하게 마련이다. 이성과 감정이 균형을 이룰 때, 이성이 감정을 지배할 때 하는 결정이 후회 없는 결정이다.

부부 생활을 계속 영위하는 것은 구속과 억압, 모욕과 고통을 더 연장하는 것이라고 생각될 때 이혼은 이것에서 해방되어 자유를 얻는 것이다. 자유인으로서 자신의 삶을 자신이 책임지고 불행한 과거에 집착하지 않고 새로운 인생을 살아가야 한다는 의식을 가진 사람만이 이혼할 자격이 있다. 이혼 남녀에게 사회에서 던지는 부정적인 눈초리에 대한 두려움, 특히 경제 능력이 없는 여성의 경우 생활에 대한 두려움에도 불구하고 상대를 증오하면서 부부 생활을 유지하는 것이 기생충 같은 삶이라고 생각하는 사람만이 이혼할 수 있다.

이혼하는 것을 억울하고 분하다고, 할 수 없이 이혼당한다고 생각하는 사람은 이혼할 자격이 없다. 이러한 사람은 호적만 정리될 뿐이지 정신은 계속 전 배우자에게 예속되어 있어 이혼하고도 만사를 전 배우자와 관련하여 생각하고 원망하면서 자유인으로서 삶을 살지 못한다. 늘 남에게 종속되어 그 보호권 안에 안주하여 기생함으로써 타인이 주는 것에만 의존해서 생을 유지해 가는 노예 근성에 길들여진 사람들은 주인의 눈빛 하나, 손짓 하나에 행·불행을 느끼는 사람이기 때문에 이혼해도 불행하고 이혼하지 않아도 불행한 사람이다.

이혼을 결심할 때는 자신이 어떠한 부류의 사람인지, 혼자 살아갈 가능성이 있는 사람인지 냉정하게 자신을 분석해 본 후에 결정해야 한다. 후자라면 이혼할 자격이 없는 사람이기 때문에 현상 유지라도 하는 게 본인에게는 유리하다.

이혼을 위한 준비

　가정 생활만 해 오던 부인들의 경우 이혼한 후 다른 사람들을 의지하지 않고 자신의 삶을 독립적으로 영위해 나가기 위해서는 이혼 전에 많은 준비와 훈련을 해야 한다. 이혼 후에 닥칠 여러 가지 현실적인 어려움에 대해 본인이 어떻게 대처해서 살아갈 것인지를 구체적으로 생각하고 준비하지 않으면 독립하기가 무척 어렵다.
　더 이상 이런 굴욕적인 생활은 견딜 수 없다, 우선 여기서 벗어나고 보자, 설마 산 입에 거미줄 치겠는가, 이혼하면 얼마간의 재산 분할과 위자료를 받게 되겠지, 친정에서 얼마간 도와주겠지 하는 막연한 상태에서 이혼을 하면 이러한 생각이 현실화되지 않을 때 또 상처를 받고, 자신이 사랑하는 사람들을 원망하고, 그들에게 상처를 주게 된다.
　만 20살이 넘은 성인은 자신의 일을 스스로 책임져야 한다. 그러지 못할 때는 언제나 자신도 불행하고 주위 사람도 불행하게 만든다. 남들에게 의존해서 살며, 그들에게 짐으로 취급받고 사는 것은 커다란 수치이고 굴욕이다. 따라서 현재 자기가 가진 가장 귀중한 재산이 무엇인지 찾아내고 확인한 다음, 그걸 갈고 닦아 자신의 생활을 자신이 책임지고 살아가야 한다.

자기가 가진 가장 값진 재산은 자기 자신이다. 자신이 정신적으로나 육체적으로 건강하다면 그 이상 값나가는 재산은 없다. 또한 그 재산 외에 자신이 가진 보이는 능력 또는 잠재된 능력이 무엇인지를 찾아내야 한다. 현재 보이는 능력으로는 살림하는 능력, 즉 요리하고 청소하고 집안 가꾸는 것이요, 잠재된 능력으로는 언어 구사 능력이나 상대를 설득하는 능력, 그림을 잘 그리는 능력, 남을 아름답게 꾸며주는 미용사로서의 능력 등등 찾아내면 많이 있을 것이다. 자신은 무능력하고, 아무것도 할 수 없다는 생각에서 벗어나 자기가 가진 능력을 모두 찾아내어 그 중 사회 생활을 하는 데 가장 최우선으로 필요하고 경제적으로 환원될 수 있는 능력을 개발하고 닦은 후에 이혼을 결행해야 한다.

1. 이혼은 하더라도 가정은 깨지 말라

서양 사람들은 이혼을 할 때 서로 사랑해서 만났으니 서로를 더 미워하기 전에 헤어지자, 서로에 대한 좋은 기억을 더 없애지 말자, 아이들에게 부모가 서로 미워하고 증오하면서 살아가는 모습을 보여 주지 말자, 서로의 추한 모습을 상대방이나 자녀에게 더 적나라하게 보여 주기 전에 헤어지자고 한다. 어른인 자기들이 상대방에게 느꼈던 미움이나 감정을 아이들이 알게 되어 부모 중 한쪽을 적으로 만들지 않게 하고, 아이들이 어른이 된 다음에 어쩔 수 없이 헤어질 수밖에 없었던 부모들의 마음을 이해할 수 있도록 한다. "아빠나 엄마는 이혼하든 함께 살든 너희들을 진정으로 사랑한다, 너희 아빠는 좋은 분이다, 너희 엄마는 좋은 분이다, 단지 두 사람이 서로 맞지 않아 헤어질 뿐이다."라고 분명하게 말해 주어 부모의 이혼으로 인해서 받는 아이들의 상처를 최소화해 주고 있다.

상대가 악하고 나쁜 사람이기 때문에 나와 너를 버린 못된 인간이라는 말로 부모 중 한 사람에게 적대감과 증오심을 심어 주는 것은 금물이다. 두 사람의 이혼으로 인해 양가 부모나 형제까지 원수가 되거나 친족들 간에 서로 욕하고 길에서 보더라도 서로 외면하고 지나가는 일을 절대 없도록 하며, 아이들의 교육이나 양육 문제로 의논할 일이 있으면 부모로서 함께 만나 의논하고 좋은 관계를 유지한다. 부부로서의 관계만 청산될 뿐 나머지의 모든 관계는 깨지지 않고 원만한 관계를 유지하며, 더욱이 서로 새로운 배우자를 만나면 그 사람들과도 좋은 인간 관계를 가진다.

우리나라도 여러 가지 사회 변화로 인해 어쩔 수 없이 이혼이 증가할 수밖에 없는 상황이라면, 부부는 이혼하지만 아이들은 이혼 후에도 계속 함께 관심과 애정을 가지고 양육·교육하고, 양가 부모와 형제들이 원수가 되지 않도록, 즉 가정을 깨지 않도록 하는 지혜를 배우고 익혀야 하겠다.

2. 부부는 서로의 소유물이 아니다

우리는 흔히 '너를 가지고 싶다', '버림을 받았다'는 말을 듣거나 자기도 모르게 쓰게 된다. 이런 말을 쓰는 것은 사람을 소유물로 생각하는 의식이 밑바닥에 깔려 있기 때문일 것이다. 상대를 존엄한 인격체로, 동반자로 생각한다면 이러한 어휘를 사용할 수는 없다. 이러한 어휘가 우리 사회에서 아무렇지도 않게 사용되고 있는 한 부부 관계에서도 상대를 인격적으로 대하고 존중해야 한다는 의식이나 생각은 뿌리를 내릴 수 없다.

그저 자기 원하는 대로 해주지 않으면 물건이 마음에 들지 않을 때 함부로 대하고 버리거나 처박아 두듯이 사람도 때리고, 버리고, 유기할 수 있다고 생각하고 행동한다. 그래서 상대가 이를 견디지 못해서 집을 나가거나 이혼을 요구하면 쓸 데는 없지만 버리기는 아깝다는 심정으로 이혼도 해주지 않는다. 더구나 흉기를 들고 가서 상대를 위협하거나 해를 입히는 경우마저 언론에 심심치 않게 보도되는 실정이다.

부부는 서로의 소유물이 아니다. 인간은 만나고 헤어질 수 있다는 사실이 우리 사회에서도 여러 기관을 통해 교육되고 생활화될 때에 아직까지 우리 사회에 잔존하고 있는 부부간, 부모·자식간의 소유 의식을 불식시킬 수 있다.

3. 상대에게 자기의 정보를 스스로 알려 주는 잘못을 범해서는 안 된다

남편과 도저히 살 수 없어 이혼하겠다고 결심한 부인들은 보통 그 사실을 남편에게 통고한다. 그리고 재판상 이혼 청구를 위해 진단서를 떼어놓고, 재산을 가압류할 계획까지도 알려 주는 경우가 대부분이다. 그러나 그러한 행동은 적에게 적의 무기고와 군량미 창고에 며칠날 쳐들어가서 그걸 빼앗겠다는 작전 계획을 알려 주는 것과 마찬가지다. 그럴 경우 상대편이 쳐들어와서 무기나 군량미를 빼앗아 가도록 멀건이 보고만 있을 적이 어디 있겠는가?

마찬가지로 법으로 이혼하려고 모든 준비를 다 해놓았다고 남편에게 통고를 해버리면 미리 재산을 도피시키게 되어 재산 분할이나 위

자료 판결을 받고도 집행을 할 수 없으므로 판결문 종이만 손에 쥘 수밖에 없다. 내일 이혼 소송을 제기할 계획이 있더라도 오늘 밤까지는 절대 그런 정보가 새지 않도록 만전을 기해야 한다.

4. 이혼 소송 전이나 소송 제기와 동시에 상대방이 재산을 처분하지 못하도록 법적으로 가압류, 가처분 신청을 한다

소송을 제기하여 승소한 뒤에 그 판결의 확정을 기다려 집행을 하기까지는 많은 시간이 걸리게 된다. 그 사이에 남편이 자기 명의로 되어 있는 재산을 모두 처분하거나 다른 사람의 명의로 옮겨 버린 경우에는 재판에 이기고도 집행을 하지 못하여 결국 달랑 판결문만, 한마디로 종이 쪽지만 손에 쥐어 많은 손해를 입게 된다. 이런 사태를 예방하기 위하여 이혼 소송 전에 상대방이 재산을 처분하지 못하도록 임시로 상대방의 재산을 묶어 두어야 한다.

가압류란 금전 채권이나 장차 금전 채권이 될 수 있는 청구권에 관하여 후일의 강제 집행을 보전하기 위한 임시 조치이고, 가처분이란 분쟁의 표적이 되고 있는 물건에 대하여 후일의 강제 집행을 보전하기 위하여 임시로 행하는 처분을 말한다(가사소송법 제63조, 민사집행법 제276조 내지 제312조). 즉 승패가 날 때까지의 임시 조치이므로 앞에 '가' 자를 붙인 것이다. 또한 채권자의 신청만을 가지고 법원이 단시일 내에 결정을 내리는 것이 보통이다. 일단 부동산(토지 및 건물), 유체 부동산(냉장고, 텔레비전, 귀금속 등), 채권(상대방이 다른 사람에게 받을 돈 등)을 가압류할 수 있고, 분쟁의 대상이 되는 함께 살던 집을 임의로 매매, 양도하지 못하도록 부동산 처분 금지 가처분 신청을 먼저 해놓아야 한다.

5. 이혼 소송 중 남편이 찾아와 구타하지 못하도록 남편의 접근을 금지하는 가처분 신청을 할 수 있다

남편이 구타를 심하게 해서 이혼 소송을 하는 경우 남편이 이혼 소송 진행 중에 찾아와서 행패를 부리거나 구타를 하지 못하도록 접근 금지 가처분 신청을 가정법원에 제기할 수 있다. 그리고 동시에 자녀 양육비와 생활비를 청구할 수 있다(가사소송법 제62조). 남편이 법원의 접근 금지 가처분 명령을 어긴 경우, 또는 양육비나 생활비 지급 명령을 어긴 경우에는 제재를 받게 된다.

이혼하는 방법

우리나라 법은 이혼하는 방법으로 협의 이혼과 재판상 이혼 두 가지를 규정하고 있다.

1. 협의 이혼

당사자가 합의하여 부부가 함께 가정법원(지방은 지방법원)에 가서 판사에게 이혼 의사 확인을 받아 이혼 신고를 하는 방법이다(민법 제834조, 제836조, 제836조의 2, 제837조, 가족관계의 등록 등에 관한 법률 제75조, 제79조).

협의 이혼 절차

1) 협의 이혼 의사 확인

관할 법원에서 부부가 협의 이혼 의사를 확인받은 후, 그 중 1인이라도 위 확인서 등본을 첨부하여 관할 가족관계등록(호적)관서[시(구)·읍·면사무소]에 이혼 신고를 하면 이혼의 효력이 발생한다.

※ 협의 이혼 의사 확인 신청시 재산 관련 서류를 첨부하여 재산 분할 관계까지 확인받을 수는 없다.

부부의 등록 기준지/주소지 가정법원에 이혼 신청	협의 이혼 의사 확인 신청시 제출하여야 할 서류
- 부부의 주소가 각기 다르거나 등록기준(본적)지와 주소가 다른 경우에는 그 중 편리한 곳에 신청서를 제출 - 변호사 또는 대리인에 의한 신청은 할 수 없다 - 부부 중 일방이 외국에 있거나 교도소에 수감중인 경우에만 다른 일방이 혼자 출석하여 신청서를 제출 - 재외국민인 당사자가 협의 이혼을 하고자 하는 경우에는 그 거주지(그 지역을 관할하는 재외공관이 없는 때에는 인접 지역)를 관할하는 재외공관의 장에게 협의 이혼 의사 확인 신청	㉮ 협의 이혼서 3통, 협의 이혼 의사 확인 신청서 1통 ㉯ 부부 각자의 가족관계 증명서, 혼인관계 증명서 각 1통 ㉰ 주민등록 등본 1통 ㉱ 자녀의 양육과 친권자 결정에 관한 협의서 1통과 그 사본 2통 또는 가정법원의 심판 정본 및 확정 증명서 3통 ㉲ 부부 중 일방이 외국에 있으면 재외국민등록부 등본 1통과 교도소에 수감중이면 재감인증명서 1통과 송달료 2회분 납부

2) 이혼에 관한 안내 및 상담의 권고

협의 이혼을 하려는 부부는 법원에서 이혼에 관한 안내를 반드시 받아야 하고, 상담위원의 상담을 받을 것을 권고받을 수 있다.

3) 이혼 숙려 기간

가정법원에서 안내를 받은 날부터 다음의 기간이 경과한 후에 이혼 의사를 확인받을 수 있다.

① 미성년인 자녀(임신중인 자를 포함)가 있는 경우	3개월
② 성년 도달 전 1개월 후 3개월 이내 사이의 미성년인 자녀가 있는 경우	성년이 된 날
③ 성년 도달 전 1개월 이내의 미성년인 자녀가 있는 경우	1개월
④ 자녀가 없거나 성년인 자녀만 있는 경우	1개월
단, 가정폭력 등 급박한 사정이 있어 위 기간의 단축 또는 면제가 필요한 사유가 있는 경우	사유서를 제출. 그러나 사유서 제출 후 7일 이내에 확인 기일의 재지정 연락이 없으면 최초에 지정한 확인 기일이 유지되며, 이에 대하여는 이의를 제기할 수 없다

4) 협의 이혼 의사 확인 절차

첫 번째 확인 기일에 불출석하였을 경우	두 번째 확인 기일에 출석하면 되나 두 번째 확인 기일에도 불출석한 경우에는 확인 신청을 취하한 것으로 본다.
부부 모두 이혼 의사가 있음이 확인된 경우	법원에서 부부에게 확인서 등본 1통씩을 교부
부부 중 일방이 외국에 있거나 교도소에 수감중인 경우	- 다른 일방이 혼자 출석하여 신청서를 제출할 수 있다. - 법원에서 그 재외공관 또는 수감된 교도소로 이혼 의사 확인을 요청하는 촉탁서를 보내 이혼 의사가 있다는 회신이 오면 상대방을 법원에 출석하도록 하여 이혼 의사 확인을 한다

반드시 부부가 함께 본인의 신분증(주민등록증, 운전면허증, 여권 중)과 도장을 가지고 통지받은 확인 기일(시간)에 법원에 출석하여야 한다.

5) 협의 이혼 신고의 관할 가족관계 등록(호적) 관서

이혼 의사 확인서 등본을 교부받은 날부터 3개월 내에 당사자 일방 또는 쌍방이 등록 기준(본적)지 또는 주소지 관할 시(구)·읍·면사무소에 확인서 등본을 첨부하여 이혼 신고를 하면 된다.

법원에서 이혼 의사 확인을 받았더라도 이혼 신고를 하지 않으면 이혼 된 것이 아니며, 위 기간이 지난 경우에는 다시 법원의 이혼 의사 확인을 받지 않으면 이혼 신고를 할 수 없다

미성년인 자녀가 있는 경우	이혼 신고 시에 협의서 등본 또는 심판 정본 및 그 확정증명서를 첨부하여 친권자 지정 신고	제출서류 ㉮ 법원에서 발급한 확인서 1통, 이혼 신고서 1통 ㉯ 신고인의 주민등록증과 도장
임신중인 자녀가 있는 경우	자녀의 출생 신고 시에 협의서 등본 또는 심판 정본 및 그 확정 증명서를 첨부하여 친권자 지정 신고	
확인서 등본을 분실한 경우	다시 법원에 이혼 의사 확인 신청을 하거나 법원에서 확인서 등본을 다시 교부받고 이혼 신고서를 다시 작성	

6) 협의 이혼의 철회

① 이혼 의사 확인을 받고 난 후라도 이혼할 의사가 없어졌다면 이혼 신고를 하지 않거나	그러나 상대방의 이혼 신고서가 본인의 이혼 의사 철회서보다 먼저 접수되면 철회서를 제출하였더라도 이혼의 효력이 발생한다
② 이혼 의사 철회 표시를 하려는 사람의 등록기준지, 주소지 또는 현재지 시(구)·읍·면의 장에게 제출	

2. 재판상 이혼

당사자 중 한 명에게 다음과 같은 잘못이 있을 경우 그 사람이 이혼에 응하지 않아도 잘못이 없는 사람이 재판을 청구해서 이혼할 수 있다.

법이 인정하는 이혼 사유로는 ①배우자에게 부정(不貞)한 행위가 있었을 때, ②배우자가 악의로 다른 일방을 유기(遺棄)한 때, ③배우자 그 직계 존속으로부터 심히 부당한 대우를 받았을 때, ④자기의 직계 존속이 배우자로부터 심히 부당한 대우를 받았을 때, ⑤배우자의 생사(生死)가 3년 이상 분명하지 아니한 때, ⑥기타 혼인을 계속하기 어려운 중대한 사유가 있을 때 등이다(민법 제840조).

이혼도 능동적으로 하라

1. 이혼한 어머니도 자녀의 양육자, 친권자가 될 수 있다

이혼하는 부부는 누가 자녀를 양육할 것인가? 양육비는 누가 얼마를 부담할 것인가? 친권자는 누가 될 것인가를 협의하여 정할 수 있다. 만약 협의가 안 될 경우 또는 협의를 할 수 없는 경우에는 가정법원(지방은 지방법원)에 자(子)의 양육자 및 친권자 지정과 양육비 청구를 할 수 있다. 그러면 가정법원은 자녀의 나이, 자녀에 대한 부모의 관심과 사랑의 정도, 부모의 재산 상황, 기타 사정을 참작하여 자녀의 양육이나 교육에 어떤 사람이 더 적합한가를 판단하여 양육자와 친권자를 지정해 주고 양육비는 누가 얼마를 부담하라는 판결을 해준다.

자녀는 존엄한 인격을 가진 인격체로서 부모의 소유물, 특히 아버지의 소유물이 아니기 때문에 자녀가 자기의 성과 본을 따른다 해서 자녀를 준다, 주지 못한다고 할 수 없다. 자기가 자식을 양육하고 싶은데 남편이 주지 않아 기를 수 없다는 부인들이 아직도 많다. 현행법으로는 자녀의 양육이나 친권에 관한 권리를 부모 모두 똑같이 가지게 규정되어 있다(민법 제837조, 제909조). 그 중 누가 더 적임자인가는 자녀를 누가 더 사랑하고, 자녀와 정서적으로 누가 더 밀착되어 있으며, 그동안 자녀를 누가 주로 양육해 왔는지, 자녀의 양육이나 교육상 누구와 살아야 자녀의 복리를 위해서 더 바람직한지에 따라서 결정되는 것이다.

2. 재혼했다는 이유만으로 남편에게 자녀의 친권이나 양육권을 빼앗기지 않는다

3년 전 협의 이혼하면서 당시 5살이던 아들에 대한 양육권과 친권을 넘겨받고 지금까지 기르고 있다. 중매로 좋은 사람을 만나서 재혼하기로 했는데 아이도 재혼할 남자를 따르고 좋아하며 그 사람도 아이를 귀여워하고 자기 자식으로 입적시켜 친자식처럼 기르고 싶어한다. 그런데 그동안 아이에 대해서 무관심하게 굴고 찾아오지도 않던 아이 아버지가 내가 재혼하면 아이를 데려가겠다고 한다. 아이를 위해서도 도저히 생부에게 보낼 수 없다. 아이도 제 아버지를 무서워하고 나와 계속 함께 살기를 원한다. 여자가 재혼하면 양육권이나 친권을 모두 빼앗기게 되는가?

이런 물음이 요즘 부쩍 많아졌다. 아이는 부모의 소유물이 아니기 때문에 아이가 아빠의 성과 본을 따른다고 해서 아이의 소유권자가 아버지는 아니다. 그러므로 어머니가 재혼함으로써 아이의 교육이나 양육을 위한 환경이 나빠져 아버지로 양육자, 친권자를 변경하는 것이 바람직하다는 법원의 판결 없이는 현재 양육권과 친권을 가지고 있는 어머니에게서 아이를 빼앗아 갈 수 없다. 따라서 어머니가 재혼했다는 이유만으로 아이에 대한 양육권, 친권을 빼앗기지는 않는다(민법 제909조 4항).

3. 가출 부모 대신 조부모가 손자를 양육했다면 양육자로 지정받을 수 있다

남편은 자주 도박과 외박을 하면서 가족을 부양하지 않았고 지난 2003년께 아예 집을 나가 버렸다. 6살 난 아들은 시부모님이 맡아 길러 주셨다. 살기 너무 힘들어 아이를 보러 가고 싶었지만 빈손으로 갈 수 없어 1년 간 아들을 찾지 않았다. 이혼하고 아이의 친권과 양육권을 내가 가지고 싶은데 시부모님이 나를 믿을 수 없어 아이를 보낼 수 없다고 하신다. 시부모가 양육권을 주장할 수 있는지 알고 싶다.

부모가 가출해서 그동안 엄마와의 단절로 인해 아들과의 친밀 관계

형성이 미흡하고, 아이가 조부모와 친밀한 관계가 형성돼 있을 경우 아이의 성장과 복리를 위해 안정적인 환경에서 성장할 수 있도록 조부모를 양육자로 지정할 수 있다. 조부모가 아이를 양육하는 기간 동안 성년이 될 때까지 엄마는 양육비를 지불해야 한다(2008년 7월 13일 서울가정법원 가사8단독 판결).

4. 협의 이혼 시 '양육비 부담 조서' 제도 도입, 약속한 양육비를 주지 않으면 강제 집행할 수 있다

협의 이혼시 부부가 양육비 관련 사항에 합의하면 이를 조서로 작성하고 여기에 집행력을 부여하는 '양육비 부담 조서' 제도를 도입해 2009년 9월 9일부터 시행하고 있다.

이 제도는 가정법원이 협의상 이혼 절차에서 양육비 부담에 관한 당사자의 협의 내용을 확인한 경우 그에 관한 '양육비 부담 조서'를 작성하고 이 조서에 확정된 심판에 준한 집행력을 인정하는 것이다. 가사소송법 제41조에 의한 집행력이 부여되기 때문에 이 조서를 집행권원으로 한 모든 종류의 강제집행이 가능해진다(민법 제836조의2, 5항 2009년 5월 8일 신설).

양육비 채무자가 정당한 이유 없이 2회 이상 양육비를 지급하지 않으면 아직 이행 일시가 도래하지 않은 것을 포함한 양육비 채권을 집행 채권으로 해 소득세 원천징수 의무자에 대한 정기적 급여 채권에 관해 양육비 직접 지급 명령을 할 수 있게 된다(가사소송법 제63조의

2). 법원 명령을 따르지 않는 고용주는 1,000만 원 이하의 과태료를 부과받는다(가사소송법 제67조). 비양육친의 월급에서 양육비를 곧장 받을 수 있는 길이 열리게 된 셈이다.

이와 함께 양육비를 보다 안정적으로 확보할 수 있도록 법원이 양육비 지급 의무자 소유의 부동산이나 건물, 자동차 등을 담보로 제공할 것을 명할 수 있는 '담보 명령 제도'가 시행된다. 또 장래의 양육비를 한꺼번에 지급하도록 명령할 수 있는 '일시금 지급 명령' 제도도 시행된다(가사소송법 제63조의3).

양육비의 일시금 지급 명령을 받은 자가 30일 이내에 정당한 사유 없이 그 의무를 이행하지 않은 때에 가정법원은 권리자의 신청에 의한 결정으로 30일 범위 내에서 그 의무 이행이 있을 때까지 의무자를 감치에 처할 수 있다(가사소송법 제68조 1항 3호).

5. 자녀를 양육하지 않는 부모도 자녀를 만나 볼 권리가 있다

이혼을 해서 아이의 양육권과 친권을 넘겨 주었다 하더라도 부모와 자식 간의 관계가 끊어지는 것은 아니다. 어머니로서, 아버지로서 자녀를 만나 보고 아이들과 연락을 취하는 것은 당연한 권리이고, 아이들도 함께 살고 있지 않은 아버지, 어머니를 자기들이 원하면 볼 권리가 있다. 현행법은 자녀를 직접 양육하지 않는 부모 중 일방에 대해 자녀 면접 교섭권을 인정하고 있다(민법 제837조의2, 1항). 다만 양육하고 있는 부모의 한쪽을 비방한다든가, 술을 마시고 와서 아이들에게 교육상 좋지 않은 행동을 한다든가 할 때 자녀의 복리를 위해 필요한 때는 양육권을 가지고 있는 당사자의 청구에 의해서 이를 제한할 수 있다(민법 제837의2, 2항).

6. 자녀도 함께 살지 않는 부모를 만나 볼 권리가 있다

부모가 이혼을 해서 어머니 또는 아버지와 살고 있는 자녀가 함께 살고 있지 않은 아버지, 어머니를 자기들이 원하면 만나 볼 수 있는 면접 교섭권을 2007년 12월 21일부터 자녀에게도 인정했다. 기존의 법은 부모에게만 면접 교섭권을 인정하고 있어 자녀는 교섭권의 객체로 인식되는 문제가 있었는데 유엔 아동 권리 협약상 '아동 이익 최우선의 원칙'을 실현함과 아울러 아동의 권리 강화를 위해 자녀에게도 면접 교섭권을 인정했다(민법 제837조의2, 1항).

7. 자녀 면접 교섭 허용 의무를 위반하면 처벌할 수 있다

남편과 협의 이혼하면서 딸을 언제라도 내가 만나고 싶을 때 만날 수 있게 해준다고 약속해서 위자료 한 푼 받지 않고 이혼했다. 그런데 다른 여자와 재혼하고 딸이 어리다는 이유로 계모를 친모로 알게 하고 딸을 만나지 못하게 한다. 법원에 면접 교섭권 신청을 해서 만나라는 법원 결정이 났는데도 만나지 못하게 한다. 어떻게 해야 아이를 만나볼 수 있을까?

자(子)와의 면접 교섭 허용 의무를 이행해야 할 자가 정당한 이유 없이 그 의무를 이행하지 않을 때는 당사자의 신청에 의하여 일정한 기간 내에 그 의무를 이행할 것을 명할 수 있다(가사소송법 제64조).

법원의 이행명령을 위반했을 때는 가정법원·조정위원회 또는 조정 담당 판사가 직권 또는 권리자의 신청에 의하여 결정으로 1천만 원 이하의 과태료에 처할 수 있다(가사소송법 제64조. 2005. 3. 광주지방법원 가정지원 판결).

8. 자녀의 복리를 위해 자녀의 성(姓)과 본(本)을 변경할 수 있다

성과 본이 생물학적 혈통을 보여 주는 상징성을 갖고 있지만 자녀의 복리 문제와 관련해 더 큰 이익을 준다면 가정법원의 허가를 받아 엄마 또는 새 아버지의 성과 본으로 변경할 수 있다(민법 제781조 6항, 2009. 5. 26 서울가정법원 판결).

9. 가정에서 살림만 한 아내도 이혼 시 재산 분할을 청구할 수 있다

1990년도까지는 이혼할 때 부부에게 재산 분할권이 인정되지 않아 재산 명의가 전부 배우자의 것으로 되어 있을 때 법적인 권리로서 재산을 나누어 달라고 할 수 없었다. 그래서 우리나라 대부분의 부부들처럼 결혼 후 모은 재산이 전부 남편 앞으로 되어 있고 아내는 가정에서 살림만 한 경우, 또는 맞벌이 주부의 경우에도 이혼을 할 때 남편이 스스로 재산을 나누어 주지 않는 한 한 푼도 받을 수 없었다. 단지 남편에게 잘못이 있어 이혼하는 경우 위자료 청구만 법적 권리로서 인정받을 수 있었다.

그러나 1991년 1월 1일부터 시행되고 있는 개정 가족법에서는 이혼 부부의 재산 분할 청구권을 신설했다(민법 제839조의2). 따라서 남편이 한 푼도 나누어 줄 수 없다고 할 경우 가정법원(지방은 지방법원)에 재산 분할을 청구할 수 있다. 법원에서는 결혼 후 재산을 모으는 데 각자가 기여한 정도와 여러 가지 사정을 참작하여 재산을 나눌 액수와 방법을 정해 준다. 근대 사회는 부부의 공동 생활을 남편의 노동에 의한 재산 취득과 아내의 노동에 의한 가사 처리로 영위되는 분업적 경제 생활로 이해함으로써 주부의 노동에 대한 새로운 가치관이 형성되었다. 따라서 주부가 가정 노동에만 종사했더라도 재산 축적에 기여한 것이므로 재산 분할을 받을 수 있다.

10. 동거할 때 모은 재산은 별거 후 이혼해도 재산 분할을 받을 수 있다

나는 남편의 상습적인 폭력을 견디지 못해 15년 간 살다가 집을 나와 따로 산 지 18년이 된다. 이혼한다면 동거 생활 중 형성한 재산을 분할받을 수 있는지 알고 싶다. 남편은 나와 동거하던 기간 중 10년 무사고

운전 경력을 채워 개인택시 면허증을 발급받았다. 아내인 나의 기여에 의해 취득된 것이므로 재산 분할 대상이 되는지 알고 싶다. 남편은 현재 다른 여자와 살고 있다.

별거 상태인 부부가 이혼하더라도 동거할 당시 형성한 재산이라면 재산 분할 대상이 된다.

남편이 개인택시 면허를 취득하는 데 있어 가사 노동 등으로 직·간접적으로 기여했기 때문에 별거 기간이 길다 하더라도 개인택시 면허 시가 상당액은 재산 분할 대상으로 볼 이유가 상당하다. 다만 남편이 별거 기간 중 택시를 수차례 새로 구입했다면 아내의 기여분을 특정하기 어려우므로 개인택시 면허 시가 상당액 중 20퍼센트만 분할하라는 판례가 있다(2007. 8. 29. 서울가정법원 판결).

11. 재산 분할로 얼마를 청구해야 하는가?

법은 재산 분할의 기준을 밝히고 있지 않다. 당사자 간에 재산 분할에 대한 협의가 되지 않고 법원에 재산 분할을 청구할 경우 당사자 쌍방의 협력으로 이룩한 재산의 액수, 기타 사정을 참작하여 분할의 액수를 정하도록 규정하고 있다(민법 제839조의2, 2항). 각 가정마다 생활 모습, 일의 분담 형태, 협력도, 가족 수, 혼인 생활 기간 등이 제각기 다르기 때문에 부부의 재산을 얼마씩 나누도록 법이 규정할 수는 없다.

결혼한 후 모은 재산일 경우 보통은 당사자의 몫은 반반이라고 보아야 하고, 재산을 만드는 데에 일방의 노력이 더 컸다고 보이면(예컨데 맞벌이 부부의 경우 남편은 직장일만 하고 아내의 경우는 직장일과 함께 집안일을 전담해서 했다던가, 농촌에서 남편은 논과 밭일만을 했고 아내는 집안일과 논밭일은 물론 농한기에 부업을 한 경우 등) 3분의 2, 4분의 3도 될 수 있다. 따라서 구체적 사건에 따라 다르겠지만 통상은 2분의 1이 되어야 한다.

재산 분할 청구권은 이혼한 날부터 2년을 경과한 때는 소멸하므로 2년 안에 청구해야 한다(민법 제839조의2, 3항).

12. 현재는 재산이 없으나 장차 재산 취득 능력이 있는 경우 재산 분할을 청구할 수 있는가?

결혼 중 의사 또는 변호사 자격을 취득하여 지금은 재산이 없으나 장차 수입을 얻을 수 있는 경우에는 재산 분할 청구권이 인정된다. 이러한 경우는 이혼 후 몇 년 간 매월 상대방의 월급 수령액 중 얼마를 청구한다는 등으로 재산 분할을 구하면 된다. 그밖에 퇴직금은 이미 받은 것이면 분할 청구의 대상이 되며, 앞으로 받을 것이면 분할액에 참작이 된다. 농업이나 어업 등 상대방 가족과 공동으로 경영하는 가업에 종사했는데 그 재산의 명의가 상대방의 부친 명의로 되어 있는 경우라도 그 재산 전체에서 부부가 노력하여 형성한 몫을 따져서 그에 대한 청산을 구할 수 있다.

그러나 상대방이 회사를 경영하는 경우 회사의 재산은 법인의 것으로 청산의 대상이 되지 못한다. 다만 명목상 회사이지 실질적으로는 상대방 개인이 경영, 지배하는 것인 때는 청산의 목적이 되겠지만 이 경우에도 회사에 대해서는 청산을 구할 수 없고 상대방에게 금전의 지급을 구할 수밖에 없다.

13. 위자료를 받고도 재산 분할 청구를 할 수 있다

이혼 위자료는 상대방에게 유책 사유가 있어 이혼을 하면서 받는 정신적인 고통에 대한 손해 배상이고, 재산 분할은 결혼 기간 동안 부부의 재산관계를 청산하고 이혼 후 생활이 어렵게 되는 쪽의 부양을 위해서 인정되는 것으로, 엄연히 양자는 별개의 것이다.

따라서 위자료를 받았다고 해도 재산 분할을 청구할 수 있다. 즉 이혼의 경우 ①위자료와 함께 재산 분할을 청구하거나 ②위자료를 청구하고 후에 재산 분할을 청구하거나 ③재산 분할을 먼저 구하고 위자료를 나중에 청구할 수 있다. 이와 같이 위자료와 재산 분할은 별개의 제도이므로 이혼 원인을 야기한 유책 배우자도 재산 분할은 청구할 수 있다(민법 제839조의2). 즉 부인이 간통을 한 경우에도 남편에게 재산 분할을 청구할 수 있고, 남편은 간통한 부인에게 위자료를 청구할 수 있다(민법 제843조, 제806조).

14. 재산 분할로서 매달 금전으로 50만 원을 지급하도록 법원에서 판결했는데 이를 이행하지 않을 경우 이행을 강제할 방법은 없는가?

이 경우에는 민사소송법 상의 강제집행 방법을 통해서 받을 수 있다. 그 외에 가사소송법은 당사자가 가정법원에 신청을 하면 법원이 의무자에게 일정 기간 내에 그 의무를 이행할 것을 명하고, 이 명령을 위반하면 과태료(가사소송법 제67조 1항)에 처할 뿐만 아니라 명령을 받고도 3회 이상의 의무를 이행하지 않으면 30일 내에 감치(監置)(가사소송법 제68조 1항 1호)에 처함으로써 이행을 강제하고 있다.

15. 위자료 산정 기준

위자료란 정신적 고통을 받은 대가로 피해자가 가해자에게 받는 손해배상의 일종이다(민법 제843조, 제806조). 위자료의 산정 기준은 법에 정해져 있는 것이 아니고 판례를 통해서 정해지는데 대개 다음과 같다.
　①배우자의 재산 정도
　②배우자에게 받은 정신적 고통의 정도
　③양 당사자의 학력과 경력, 연령, 생활 정도
　④재혼의 가능성, 혼인 기간
　⑤재산 축적에 대한 부부의 협조와 공로

16. 자동 이혼이란 없다

배우자가 집을 나가 6개월 이상 들어오지 않으면 자동 이혼 된다는 잘못된 법률 정보를 듣고 이를 문의하는 사람들이 많다. 심지어는 상대가 이혼에 불응하는 경우 집을 나가 6개월 간 들어가지 않으면 자기가 원하는 대로 자동으로 이혼이 된다고 생각하고 집을 나왔다는 사람들도 있다.

우리나라의 법률에 자동 이혼이란 없다. 협의 이혼과 재판에 의한 이혼 두 가지 방법이 있을 뿐이다. 배우자가 이유 없이 가출해서 부부 동거의 의무를 어긴 경우에는 재판상 이혼 사유가 되므로 이혼 재판을 청구해서 판결을 받아 이혼할 수 있다(민법 제840조 2호). 그러나 배우자의 폭력이나 부정한 행위 등 잘못이 있어 집을 나간 경우라면 상대가 원하지 않는데 가출만을 이유로 해서 이혼 승소 판결을 받을 수 있는 확률이 아주 희박하다. 우리나라 법은 유책 배우자의 이혼 청구권을 인정해 주지 않고 있다.

17. 배우자의 부정한 행위는 이혼 사유가 된다

불륜 관계가 들통 나서 아내가 이혼을 요구할 때 아이들 때문에 이혼은 할 수 없다며 거부하는 남편들이 있다. 이런 경우 배우자의 부정한 행위는 재판상 이혼 사유가 되므로 남편이 불응해도 이혼 소송을 해서 이혼할 수 있다(민법 제840조 1호). 남편의 부정 행위를 원인으로 한 이혼 청구는 남편의 부정한 행위를 안 날부터 6개월, 그 사실이 있은 날부터 2년이 지나면 이혼을 청구할 수 없다(민법 제841조).

18. 간통을 입증하지 못해도 타인의 배우자와 교제해서 가정 파탄을 시키면 위자료를 지불해야 한다

간통에는 이르지 않았지만 남의 아내와 교제해서 가정 파탄에 빠지게 했다면 남편에게 위자료를 지급해야 한다. 배우자의 부정한 행위라 함은 간통을 포함하되 그보다 넓은 개념으로서 간통까지는 이르지 않으나 부부의 정조 의무에 충실하지 않은 일체의 정숙하지 못한 행위를 말한다. 아내가 다른 남자를 만나 이후 잦은 외출과 전화 통화에 이어 그 남자의 오피스텔까지 출입하며 부적절한 관계를 추측할 수 있을 정도의 행동을 했다면 남편에게 위자료를 지불해야 한다(2002. 12. 6. 2002므678 대법원 특별 2부 판결).

19. 유부남이라는 사실을 안 후에도 내연 관계를 유지한 여자에게 위자료를 청구할 수 있다

남편이 화장품을 납품하는 가게에서 일하던 아가씨에게 총각이라 속이고 결혼을 전제로 사귀어 그 여자가 아이를 임신한 뒤 낙태까지 했다한다. 아이를 낙태시킨 후에야 유부남이고 자식이 있다는 사실을 알고서도 남편이 나와 당장 이혼하고 결혼하겠다고 말해 남편 말을 믿고 계속 관계를 유지하면서 나를 불러내 남편과 서로 사랑하니 이혼해 달라고 했다. 나는 남편을 설득하려 노력했으나 남편이 이에 따르지 않아 남편과 이혼하고 가정을 파탄에 이르게 한 책임을 물어 그 아가씨에게 위자료를 받으려고 한다. 가능한지 알고 싶다.

남자가 미혼으로 행세하고 결혼까지 약속한 뒤에야 유부남이라는 사실을 알게 되었다 하더라도 유부남인 줄 알면서도 계속 사귀어 남자의 아내에게 정신적 피해를 준 경우 위자료로 배상해야 한다(2005. 2. 2. 인천지방법원 판결).

20. 남편과 바람 피운 여성에게 가정 파탄을 막기 위해 협박한 아내는 처벌받지 않는다

이혼한 남편을 사귀어 결혼했다. 둘째 아이를 임신했는데 남편은 매일같이 회식 등을 이유로 밤늦게 귀가했다. 휴대전화에는 부하 여직원의 문자 메시지가 남겨져 있었다. 둘째 아이를 출산하자 노골적으로 이혼을 요구했다. 남편의 태도가 바뀐 것을 확연히 느끼던 중 남편이 교통사고를 당해 입원했다. 간병인을 쓸 테니 병원에 오지 말라는 남편의 말을 믿고 치료 기간에는 병원을 찾지 않았는데 병실의 다른 환자 측으로부터 한 여자가 자주 남편을 보러 왔다는 말을 듣게 되었다. 그 여자가 남편의 부하 직원임을 알게 되어 전화를 걸어 남편과 관계를 정리하라고 타일렀다. 그 여직원은 교제 사실을 부인하고 사과하기는커녕 오히려 부동산 중개소를 통해 남편에게 새 거처를 알아봐 주어 남편의 가출을 도왔다.

  가출한 남편은 이혼 소송을 제기하고 그 여직원이 집으로 전화를 하자 나는 분을 삭이지 못한 채 "너 제대로 직장 다닐 수 있는지 보자. 생매장 되는지 어떻게 되는지……. 주변에 얘기할 거다"라고 협박했다. 그 여자가 나를 정보 통신망 이용 촉진 및 정보 보호 등에 관한 법률 위반으로 고소했다. 나는 처벌받게 되는가?

남편과 바람을 피운 여성에게 전화로 불륜 사실을 주변에 폭로하겠다고 협박한 아내에 대해 항소심 법원이 무죄를 선고했다. 남편의 외도 때문에 정신적 고통을 겪고 있던 중 가정을 지키려는 목적에서 비롯된 만큼 사회 통념상 용인될 수 있다는 것이 법원의 판단이다.

  항소심 재판부는 판결문에서 "부인이 상대방에게 공포심을 느낄 만한 협박을 한 점은 인정되지만, 남편으로부터 이혼 소송까지 당하는 등 정신적으로 궁박한 상태에서 남편의 상대녀에게 매우 안 좋은 감정을 가질 만했던 점이 인정된다. 부인이 교제를 그만두라고 타일렀던 상대방은 반성의 기미 없이 비아냥거리는 태도였고 직접 전화까지 걸어왔다. 이런 상황에서 협박한 것은 가정 파탄 행위를 막고 나이 어린 상대녀를 훈계하기 위한 행위로 위법성이 없다"고 판시했다(2005. 5. 30. 서울중앙지법 판결).

21. 외도 의심할 만한 남편을 미행했다는 사유로 이혼할 수 없다

　남편은 귀가가 부쩍 늦어지는가 하면, 옷에 여성용 화장품이 묻어 있기도 하고 심지어 휴대전화 비밀번호를 바꾸고, 지갑에 다른 여성의 사진을 보관하다 나에게 들키기도 했다.
　그래서 나는 남편을 미행하기 시작했고, 남편이 다른 여성을 자신의 승용차에 태우는 모습을 목격하기도 했다. 남편은 오히려 나를 의부증으로 몰아붙이고 폭력을 휘두른 끝에 이혼을 요구하고, 집을 나가 들어오지 않고 생활비도 주지 않았다. 남편이 아파트를 처분할지도 모른다는 생각에 법률 사무소의 자문을 얻어 "아파트 지분의 절반을 등기 이전해 달라"는 소송을 법원에 냈다.
　남편이 나를 만나 주지 않아 친정 어머니가 남편 직장으로 찾아가 사장에게 사위가 여자가 있는 것 같은데 귀가할 수 있도록 도와달라고 부탁하기도 했다.
　남편은 내가 의부증 증세를 보이고 자기 명의의 아파트를 차지하려고 소송까지 했다면서 이혼 및 위자료 청구 소송을 제기하겠다고 한다. 내가 이혼당해야 하는지 알고 싶다.

　아내가 남편을 미행했다 하더라도 외도를 의심할 만한 사정이 있었다면 아내에게 혼인 생활 파탄의 책임을 물을 수 없다. 아내의 미행은 부적절했지만 오해를 살 만한 행동을 하고도 일체의 설명 없이 아내를 폭행한 남편에게 더 큰 책임이 있다. 장모의 행동도 부적절한 것으로 볼 수 있지만 이는 남편이 연락을 거부하는 상황에서 다급한 마음에 한 행동으로 보이는 만큼 이혼 사유에 해당한다고 보기 어렵다. 아내가 소송을 제기한 것도 남편이 집을 나와 살면서 생활비를 주지 않았고 아파트를 처분하겠다며 인감도장을 달라고 하자 위기감이 생겨 법률가와의 상담을 거쳐 한 행동이므로 부당한 대우라고 볼 수 없다 (2007. 9. 2. 서울가정법원 판결).

22. 첩만을 간통죄로 고소할 수 없다

남편과는 이혼할 마음도 없고 처벌할 생각도 없지만 처자 있는 남자인 줄 알면서도 남편과 간통한 여자는 용서할 수 없다. 그 여자만 간통죄로 처벌할 수 있는지 알고 싶다.

이기적이라고 할까, 철이 없다고 할까? 이런 문의를 하는 부인들이 많다. 현행법상 간통죄는 배우자 있는 사람이 다른 사람과 간통함으로써 성립되는 필요적 공범이므로 당연히 남편과 첩을 함께 처벌하도록 되어 있다(형법 제241조). 따라서 여자만을 간통죄로 고소할 수는 없으며(형사소송법 제233조), 간통 고소 역시 이혼하거나 이혼 소송을 제기한 후에 할 수 있도록 규정되어 있어 이혼하지 않고 처벌만을 할 수는 없다(형사소송법 제229조).

23. 이혼하지 않고도 본처는 첩에게 위자료를 청구할 수 있다

남편이 첩을 얻어 살면서 생활비도 주지 않고, 두 사람에게 헤어지라 해도 헤어지지 않는다. 남편은 자기가 번 돈을 전부 첩에게 갖다 주는데 모든 재산이 남편 명의가 아니라 첩 명의로 되어 있다. 아이들을 생각해서 이혼을 하기도 쉽지 않고, 첩 또한 자기도 6개월 이상 살았으니 사실혼이나 마찬가지로 아내로서의 권한이 있다고 뻔뻔하게 나오고 있다. 첩의 행위가 불법이고 남에게 피해를 주고 있다는 사실을 깨닫게 하기 위해서 혼은 내주고 싶지만 간통 고소는 반드시 이혼을 해야만 한다고 해서 하지 못하고 있다. 첩만을 법으로 처벌하고 위자료를 받을 수 있는 길이 없는지 알고 싶다.

간통한 남편은 처벌하지 않고 첩만을 처벌할 수는 없다. 그러나 남편과 이혼하지 않은 상태에서 첩만을 상대로 해서 불법 행위를 원인으로 민사로 손해배상 청구를 제기할 수 있다. 즉 본처의 권리를 침해한 여자에게 처권(妻權) 침해를 원인으로 해서 위자료를 받아낼 수 있다(민법 제750조).

그리고 사실혼이란 적법하게 혼인할 수 있는 요건을 갖춘 남녀(즉 배우자 없는)가 사실상 모든 부부의 요건을 갖추고 혼인 신고만 하지 않고 사는 관계를 말하는 것이다. 법적인 배우자가 있는 사람과 가지는 남녀 관계는 불법이므로, 아무리 오래 동거하더라도 법적인 보호를 받을 수 없다.

24. 간통죄로 고소해 징역까지 살고도 이혼을 안 해주는 배우자와 이혼할 수 있다

혼인 파탄에 책임이 있는 유책 배우자의 이혼 청구는 원칙적으로 허용될 수 없으나 피고가 표면적으로 이혼을 거부하는 것이 원고에 대한 증오와 배신감에서 비롯된 것이고 실제에 있어서는 피고가 혼인의 계속과 양립할 수 없는 행동과 태도를 보이고 있어서 내심으로는 이혼할 의사가 있다고 보여지는 경우에는 원고가 유책 배우자라 하더라도 이혼 청구를 허용함이 상당하는 이유로 간통죄로 실형을 선고받고 복역한 유책 배우자의 이혼 청구를 허용한 판례가 있다 (1987. 4. 14. 선고 86므28, 1987. 9. 22. 선고 86므87 대법원 판결. 1994. 4. 12. 93드22429 서울가정법원 판결).

25. 부부가 장기간 별거하면서 각각 다른 사람과 동거하면 이혼할 수 있다

남편의 구타 때문에 집을 나와서 다른 남자를 만나 자식을 낳고 살고 있다. 남편 역시 내가 집을 나온 지 얼마 되지 않아 다른 여자를 얻어서 살고 있다. 그러나 이혼을 하자고 하면 해주지 않을 뿐더러 만나면 가만히 두지 않겠다고 해서 무서워 만날 수조차 없다. 남편을 만나지 않고 법으로 이혼할 수 없는가?

이 부인처럼 부부가 장기간 따로 살면서 각각 다른 사람과 동거할 경우 재판상 이혼 청구를 해서 판결을 받아 이혼할 수 있다. 부부 쌍방이 서로 다른 사람과 동거함으로써 부부 관계가 회복할 수 없는 파탄에 이르렀으므로 혼인을 계속 유지하기 어려운 중대한 사유에 해당되기 때문이다(민법 제840조 6호).

26. 악의의 유기는 이혼 사유가 된다

남편은 사업을 한다면서 지방으로만 돌아다닌다. 7개월 전에 한 번 다녀간 후로는 연락처도 알려 주지 않고 생활비도 보내 주지 않는다. 더는 이렇게 살 수 없다. 이혼이 가능한가?

부부는 동거할 책임, 서로 부양할 책임이 있다. 남편이 지방으로 사업을 하러 다니는 경우 고의로 부인을 버려 둔 것은 아니라고 볼 수도 있다. 그러나 남편이 계획적으로 부인과 살기 싫어서 행방을 감추고 생활비를 보내지 않을 경우 악의의 유기로 이혼 사유가 된다. 그러므로 남편이 사업상 어쩔 수 없는 형편으로 집에 오지 못하거나 연락을 못하는 경우가 아니라면 악의의 유기를 원인으로 해서 이혼을 청구할 수 있다(민법 제840조 2호).

27. 시어머니가 혼인 생활을 방해할 경우 이혼 사유가 된다

남편은 홀어머니에 외아들이다. 시어머니는 결혼 초부터 지금까지 우리 부부 방에서 함께 살고, 그러지 않는 날에는 남편을 시어머니 방에 불러서 함께 잔다. 남편도 어머니가 살면 얼마나 사시겠는가, 어머니 원하는 대로 해드리자면서 어머니 말에는 꼼짝을 못한다. 결혼한 지 1년이 넘도록 남편이나 시어머니의 이런 태도는 전혀 바뀌지 않는다. 더 살고 싶지 않아 이혼하자고 했더니 시어머니는 자기 아들을 헌 총각으로 만들어 놓았으니 다시 장가갈 비용을 내놓아야 이혼을 해준다고 한다. 시어머니 말대로 먼저 이혼하자고 한 사람이 위자료를 주어야 하는지, 아니면 피해를 당한 사람이 위자료를 받을 수 있는지 알고 싶다.

시어머니가 아들의 부부 관계를 방해하고, 남편이 자기 어머니 편만 들고 중간 역할을 잘못해서 부부 생활이 파탄될 경우 배우자나 그 직계존속에게서 부당한 대우를 받은 경우에 해당되므로(민법 제840조 3호) 재판상 이혼 및 위자료 관계 청구를 남편과 시어머니를 상대로 할 수 있다.

28. 먼저 이혼을 하자고 제의했다 해서 위자료를 받지 못하거나 재산을 나누어 달라고 할 수 없는 것은 아니다

남편이 상습적으로 구타하고 다른 여자와 부정한 행위를 해서 도저히 부부 생활을 영위할 수 없다. 하지만 먼저 이혼을 제의하면 위자료도 받을 수 없고 재산이나 아이들에 대한 모든 권리도 가질 수 없는 걸로 알고 있다. 그래서 남편이 먼저 이혼하자는 말을 해주기만 기다리면서 살고 있는데, 이대로 가다가는 이혼을 하기도 전에 맞아서 병신이 될 것 같다.

이혼을 누가 먼저 제의했느냐는 아무 문제가 되지 않는다. 오직 누구에게 법적인 이혼 사유(부정, 구타, 악의 유기 등)가 있느냐에 따라서 잘못이 없는 사람은 잘못이 있는 사람에게 먼저 이혼을 제의하고 위자료를 받을 수 있으며(민법 제843조, 제806조), 잘못이 있는 사람이 이혼할 수 없고, 위자료도 줄 수 없다고 해도 그 주장은 받아들여지지 않는다(1974. 6. 11. 대법원 판결).

29. 인격을 모독하는 상스런 욕은 이혼 사유가 된다

자식들 앞에서나 남들이 보는 앞에서 배우자에게 상스러운 욕을 일상 용어처럼 하는 행위는 이혼 사유가 된다. 재판상 이혼 사유로서 배우자의 심히 부당한 대우에는 육체적인 고통을 가하는 폭력 외에 인격을 모욕하는 폭언과 욕설도 포함된다(민법 제840조 3호).

30. 상습적 구타는 이혼 사유가 된다

남편은 결혼 초부터 사소한 일에도 욕설과 손찌껌을 자주했다. 결혼 생활 10년이 되도록 얼굴이나 몸에 멍이 가실 날이 없을 정도로 자주 매를 맞았지만 그때마다 아이들을 생각해서 참고 살았다. 남편은 결혼 초에는 구타하고 다시 안 그러겠다 빌곤 했는데 지금은 네가 맞을 짓을 해서 때린다는 식으로 날이 갈수록 더 강도가 심해져서 이혼하고 싶은데 남편은 이혼은 절대 해줄 수 없다고 한다. 이혼할 수 없는지 알고 싶다.

남편과 협의 이혼이 안 되면 배우자의 심히 부당한 대우를 원인으로 한 이혼 청구의 소를 가정법원(지방은 지방법원)에 제기해 판결을 받아 이혼할 수 있다(민법 제840조 3호).

31. 부인의 자극으로 남편이 폭력을 행사해도 이혼 사유가 된다

시어머니의 지나친 부부 생활에 대한 간섭으로 남편과 불화를 겪어오다 이혼을 여러 차례 요구하기도 했으며, 녹음기로 몰래 녹음을 시도하다 남편을 자극해 남편으로부터 얼굴에 전치 3주의 폭행을 당했다.
남편이 집에서 회사 여종업원과 속옷만 입고 자는 것을 발견하기도 했고, 내 얼굴을 구타해서 전치 2주의 상해를 입었다. 남편과 싸우고 내가 여러 차례 집을 나갔는데 남편은 오히려 나를 의심하고 이혼해 달라 해도 해주지 않는다.

부인의 자극으로 폭력을 행사했더라도 부인에게 전적인 책임이 있지 않다면 남편의 폭행은 이혼 사유가 된다. 남편이 폭력을 행사한 상당 부분의 원인이 부인에게 있더라도 애정과 신뢰를 바탕으로 한 부부 관계에서 폭력 행사는 어떤 이유로든 정당화될 수 없다. 이혼을 청구한 부인에게 전적인 책임이 있는 경우가 아니라면 이혼 사유가 된다(2006. 1. 2. 대법원 판결, 2007. 1. 12. 대법원 특별3부 판결).

32. 한 집에 살면서도 성생활을 하지 않는 것은 이혼 사유가 된다

부부는 성생활을 하면서 동거할 의무가 있다. 별다른 이유 없이 상당 기간 성생활을 거부하는 것은 배우자를 고의로 유기하고(민법 제840조 2호), 부당하게 대우하는 것이 되며(민법 제840조 3호), 혼인을 계속하기 어려운 중대한 사유(민법 제840조 6호)에 해당되므로 이혼 사유가 된다.

33. 아이를 못 낳는 것은 이혼 사유가 되지 않는다

결혼은 한 남자와 한 여자가 일생을 마칠 때까지 삶을 함께하는 것을 목적으로 하여 도덕적, 관습적으로 타당한 결합을 이루는 것이지

자손을 낳는 일, 가계를 잇는 일 등은 어디까지나 이차적인 문제다. 조선시대에는 아들을 낳지 못하면 칠거지악이라 해서 아내를 내쫓는 구실이 되었지만, 현행법상 아이를 낳지 못하는 것은 이혼 사유가 되지 않는다(1960. 5. 18. 대법원 판결).

아이를 못 낳는다고 남편이나 시집에서 학대하고 이혼을 요구할 경우 괴롭더라도 부인이 참고 이혼에 응하지 않으면 이혼은 되지 않는다. 단, 아내가 견디지 못해서 이혼을 원할 경우 남편과 시부모의 그러한 행위는 법적 이혼 사유에서 부당한 대우에 해당되므로 위자료를 받을 수 있다.

34. 성격이 맞지 않고 애정이 없다는 이유만으로는 이혼할 수 없다

부부 간에 애정이 없고, 성격이 맞지 않고, 대화가 통하지 않는다는 이유만으로는 이혼할 수 없다. 당사자 간에 협의가 되어 협의 이혼하지 않는 한 재판상 이혼 청구를 해서 승소 판결을 받을 수 있는 확률이 적다. 서로 다른 환경에서 자란 남남이 만나서 가정을 이루었기 때문에 그런 사유는 시간을 가지고 노력하면서 극복할 수 있다고 판단하여 재판상 이혼 사유로 인정하지 않는 것이다(1966. 4. 26. 대법원 판결, 1967. 2. 7. 대법원 판결).

35. 혼인 전 성관계가 반드시 이혼 사유가 되는 것은 아니다

부부는 결혼한 후 서로 정조를 지켜야 할 의무가 있다. 그러나 결혼 전에 다른 사람과 성관계가 있었다 하더라도 결혼한 후 그 관계가 계속되지 않고 정숙했다면 혼전 성관계를 이유로 이혼할 수는 없다. 결혼한 후 간통한 경우에도 배우자가 그 사실을 알고 용서해 준 경우에는 또 다른 간통 행위를 하지 않는 한 일단 용서해 준 사실을 가지고 이혼 청구를 할 수 없고, 형사상 간통죄로 고소할 수도 없다(민법 제841조, 형법 제241조 2항).

36. 이혼 소송을 제기할 때는 자기 주장 사실에 대한 입증자료 준비 및 증인을 확보한 후에 해야 한다

남편의 상습적인 구타로 이혼을 하겠다는 부인들에게 진단서나 구타당하는 걸 본 증인이 있느냐고 물으면 어떻게 부부끼리 맞았다고 야박하게 병원에 가서 진단서를 뗄 수 있느냐, 맞는 꼴을 망신스럽게 남에게 보여 주겠느냐, 만약 사람이 봤다고 해도 남의 부부가 이혼하는 데 와서 증인을 서 주겠느냐, 내가 그런 걸 준비할 능력이 있으면 뭐하러 상담원까지 와서 도와 달라고 하소연하겠느냐고 하면서 당장에 갈 곳이 없으니 하루 이틀 안에 빨리 이혼하게 해주고 위자료 좀 받아내게 해 달라면서 막무가내다.

잘못된 교육과 성장 환경으로 인한 우리나라 여성들의 이러한 비이

성적이고 비합리적이며 감정적인 태도에 나는 아연할 뿐이다. 물론 같이 살던 부부가 야박하게 진단서를 뗄 수 없는 것은 인지상정이다. 실제 구타당한 부인의 입장에서는 여자가 이혼하는 게 뭐가 좋다고 거짓말까지 해 가며 이혼을 하자고 하겠느냐, 사람 말을 못 믿고 증거를 제출하라느니 증인을 세워야 한다느니 하다니 무슨 그 따위 법이 있느냐, 피해자의 억울함을 풀어 준다는 법이 이럴 수 있느냐, 이렇게 법이 복잡하면 어떻게 약자가 법을 믿고 호소하겠느냐고 하면서 분한 마음을 금할 수 없어 한다. 그러나 막상 구타한 사람이 그런 일이 없다고 주장할 경우 싸움의 현장을 보지도 않은 판사로서는 한편의 말만 듣고 판결을 내릴 수 없는 일이다. 법은 어느 한 사람이라도 억울한 일을 당하지 않도록 모든 사람의 인권을 존중해야 하기 때문이다.

남편의 상습적인 구타를 원인으로 해서 이혼하기를 원하는 부인이라면 구타당하는 사실을 주위에 숨기지 말아야 한다. 또 구타당한 즉시 병원에 가서 진단서를 떼고 멍든 상처 등을 사진으로 찍어 증거를 만들어 놓아야 한다. 이러한 일은 야박한 행위가 아니라 자기 자신을 지키고 가정과 사회에서 폭력과 탈법을 추방하는 용기 있고 정당한 행위다.

37. 남자도 위자료를 받을 수 있다

아내가 이유 없이 집을 나가 1년 이상 들어오지 않고 있어서 가정이 경제적으로나 정신적으로 파탄 상태다. 아내에게는 자기 재산도 있고 현재 직업도 있다. 더 이상 기다릴 수 없어 이혼해야겠는데, 아내에게 위자료를 청구해서 받을 수 있는가?

부부는 서로 동거하며 부양하고 협조해야 할 의무가 있다(민법 제826조 1항). 그런데 부인이 정당한 이유 없이 상당 기간 집을 비우고 이 의무를 지키지 않았다면, 일반인이 생각하기에는 여자만 남자에게 위자료를 받을 수 있는 걸로 생각하겠지만 성별에 관계없이 잘못이 없는 사람은 잘못이 있는 상대 배우자에게서 위자료를 받을 수 있다. 즉 잘못이 없는 남편은 부인에게 위자료를 받을 수 있다.

38. 부부 관계를 파탄시킨 장인 장모에게 위자료를 받을 수 있다

중매로 혼인한 지 6개월인데 영화나 드라마에서 나오는 신혼 초의 남편처럼 아내를 대해 주지 않는다며 사랑이 없어 그러는 것이라고 불만을 토로해서 정말 곤혹스럽다. 결혼 생활은 꿈이 아니고 현실이다. 직장일로 바빠서 그러니 그런 식으로 비약시키지 말라고 알아듣도록 설명을 해도 핑계를 위한 핑계라면서 조금만 귀가가 늦어도 친정부모에게 연락을 한다. 그러면 장인, 장모가 달려와서는 자기들이 얼마나 금지옥엽으로 기른 딸인데 이렇게 홀대를 하는가, 혹시 다른 여자가 있는가, 있다면 말을 하라면서 사람을 괴롭힌다.

특히 장모는 당사자인 아내와 이야기할 테니 돌아가시라고 해도 다음날 출근할 사람을 붙잡고 잠도 못자게 밤을 새우면서 야단을 친다. 결혼 후 부부 싸움이 아니라 부부 문제로 장모와 다투고 일방적으로 당해 왔다고 해도 과언이 아니다. 이제 더 이상 참을 수 없다. 이대로 가다가는 정신이 이상해질 것 같아서 이혼하려 한다. 우리 부부 관계를 간섭하여 파탄시킨 장인, 장모에게 그동안 받은 고통에 대한 위자료를 받을 수 있는지 알고 싶다.

이 남자분의 경우처럼 두 사람의 부부 관계를 파탄시킨 잘못이 전적으로 장인, 장모에게 있다면 그로 인해서 받은 정신적인 피해에 대해 장인, 장모를 상대로 위자료 청구를 할 수 있다(민법 제840조 3호, 제751조).

39. 시부모의 학대로 이혼할 때 시부모에게 위자료를 청구할 수 있다

결혼해서 시부모를 모시고 살고 있다. 그런데 남편이 걸핏하면 술을 마시고 늦게 들어오고 외박을 해서 이유를 물어보면 대답을 하지 않는다. 그래서 둘이서 말다툼을 하면 시부모는 남자가 하는 일을 여자가 왜 시시콜콜 알려 하느냐면서 나만 나무란다.

또 그동안 남편이 다른 여자와 깊은 관계를 가진 것이 들통 나자 시부모는 오히려 아내가 남편에게 잘해 주지 않아 그런 것이라면서 남편의 부정 행위를 내 탓으로 돌린다. 남자가 똑똑하면 열 계집을 거느려도 흉이 되지 않는다. 아이들 키우고 시부모 잘 모시고 살면 되지, 남편이 생활비 주고 집에도 꼬박꼬박 들어오고 가장의 의무를 다하는데 다른 여자 가끔 만나서 정을 통하는 것을 시비거느냐면서 나를 오히려 가정 파괴범으로 몰아세우고 있다. 이런 상태에서 더 살다가는 정신병자가 될 것 같다. 남편은 직장만 있고 재산은 없지만 시부모에게는 부동산이 있다. 이혼할 경우 시부모에게 위자료를 받을 수 있는지 궁금하다.

현행 가족법은 우리 가족 제도의 특수성에 비추어 시부모에게 학대 받은 것을 이혼의 사유로 인정하고 있다. 이 부인의 경우는 "배우자와 그 직계존속으로부터 심히 부당한 대우를 받았을 때"(민법 제840조 3호)에 해당되므로, 남편과 남편의 잘못을 적극적으로 비호하여 부부 관계를 파탄에 이르게 한 시부모를 상대로 해서 이혼 및 위자료를 청구할 수 있다(1967. 1. 24. 대법원 판결).

40. 아들의 이중 결혼을 도운 시아버지는 며느리에게 위자료를 지급해야 한다

남편은 나의 임신 기간 중 외국에 머물면서 여자를 만나 교제하다 결혼했다는 사실을 숨기고 그 여자와 결혼하고 이혼 소송을 제기했다. 남편의 주민등록등본에 그 여자가 부인으로 등재된 사실을 뒤늦게 발견했으며, 그 가족에게서 시아버지가 이중 결혼 당시 "내 아들이 총각인 것을 내가 증명한다"며 적극적으로 나서고 두 번째 결혼식에도 참석했다는 이야기를 들었다. 남편과 시아버지를 상대로 위자료 청구를 할 수 있는지 알고 싶다.

유부남임을 속이고 다른 여자와 결혼한 남편과 아들이 총각임을 보증한다며 두 번째 결혼식에도 참석하는 등 적극적으로 부정 행위에 일조한 책임이 있는 시아버지에 대해 위자료를 청구할 수 있다(2004. 3. 19. 서울가정법원 판결).

41. '고부 갈등' 중재 역할 못한 남편과 이혼할 수 있다

남편과는 회사 동료로 만나 1년 간 사귀고 결혼했다. 시어머니는 시아버지와 오랫동안 별거하며 혼자 아들을 키워 결혼 초부터 모시게 되었다. 그러나 오랜 세월 아들에게 의지하며 살아온 시어머니는 아내인 내가 있는데도 아들 속옷을 직접 챙기고 월급 통장도 자신이 관리하는가 하면, 밤늦게까지 아들과 대화를 나누는 등 아들을 붙잡고 놓지 않았다. 이렇게 아들에게 집착하는 시어머니 때문에 싸움이 잦았다. 남편은 중간 역할을 하지 않고 나에게만 어머니를 이해하라고 했다. 거기다가 집에 들어오면 골치 아프다면서 술 마시고 늦게 다니더니 외도까지 했다. 그러면서 자기가 바람을 피우게 된 것도 내가 시어머니를 이해하지 않고 가족간에 불화를 야기시켜 괴로워서 그런 행동을 할 수밖에 없었다며 나를 비난했다. 이런 남편과 더이상 살 수 없다. 이혼하고 재산 분할, 위자료를 받을 수 있는지 알고 싶다.

오랜 기간 아들을 의지하며 살아온 시어머니를 이해하지 못해 가족 간에 불화를 가져온 아내도 책임이 있지만, 근본적인 책임은 고부간 갈등을 원만히 해결하려는 노력 없이 오히려 외도를 한 남편에게 있다. 남편과 이혼하고 재산 분할과 위자료를 받을 수 있다(2003. 8. 5. 서울가정법원 가사 4부 판결).

42. 시부모와 한 집에서 살기만을 강요하는 남편과 이혼할 수 있다

결혼 뒤 아내가 시부모 모시는 일에 느끼는 부담감을 충분히 헤아리지 못하고 자신의 생각을 아내에게 강요하고, 아내가 시댁에 들어가 초기 적응 과정에서 가정 문화의 차이로 식구들과 갈등을 겪을 때 중재자 구실을 다하지 못한 남편과 이혼하고 위자료를 받을 수 있다(2003. 10. 7. 서울가정법원 가사 합의 3부 판결).

43. 사회 생활을 막는 남편과 이혼할 수 있다

결혼할 때는 내가 대학원을 간다면 지원해 주고, 내가 직장 생활을 하는데 힘들지 않도록 가사도 분담하겠다고 약속해서 결혼했다. 그런데 남편은 결혼 후 태도를 완전히 바꾸어 내 사회 생활은 완전히 접고 자기 뒷바라지하고 가사일에만 종사할 것을 강요해서 그렇게 살 수는 없다고 했더니 폭언을 하고 구타까지 한다. 이런 남자와 일생을 함께할 수 없어 이혼하자고 했더니 절대로 이혼은 해줄 수 없다고 한다. 주부로서 가사에만 전념해 달라는데 그걸 싫다고 하는 나 같은 여자가 이혼소송을 하면 법에서 받아들여 줄 것 같으냐면서 마음대로 하라고 한다. 이혼할 수 없는지 알고 싶다.

사회 생활, 직장 생활을 하려는 아내의 의사를 존중하지 않은 채 자신의 뜻에 따라 가사에만 종사할 것을 강요하고 이에 응하지 않는다며 폭언과 폭행을 가한 남편과 이혼할 수 있다(2003. 9. 18. 서울가정법원 가사 4부 판결).

44. 상습적으로 음독하는 경우 이혼할 수 있다

아내는 고집이 세고 자기 주장이 강하다. 그래서 자기 주장이 받아들여지지 않으면 음독을 한다. 그때마다 내가 사과하고 아내의 요구를 들어주곤 했다. 얼마 전에도 하나밖에 없는 남동생이 결혼을 하게 되어서 결혼 비용으로 2백만 원 정도를 도와주자고 하니까 아내는 1백만 원 이상은 절대 해줄 수 없다고 했다. 이번만은 양보할 수 없다. 그 정도는 얼마간 절약하면 해줄 수 있는 돈이니 사람의 도리로서 해주어야 한다고 했더니 또 약을 먹었다. 이제는 도저히 무서워서 살 수가 없다.

아내의 상습적인 음독 행위는 남편을 위협하고 가족들을 불안하게 하여 그것이 결혼 생활을 계속할 수 없는 중대한 사유에 해당되므로 부인이 이혼을 원하지 않아도 이혼 소송을 해서 재판을 받고 이혼할 수 있다(민법 제840조 6호).

45. 종교가 다르다는 것만으로 이혼할 수 없다

우리는 철저한 불교 신자 집안으로 어머니가 절에서 불공을 드려 나를 낳았다고 한다. 그런데 아내는 기독교인이다. 우리 집안에 결혼해서 들어왔으니 같은 종교를 가지자, 한 집안에서 두 종교를 가지면 집안이 좋지 않다고 하니 교회에 나가지 말라고 해도 듣지 않는다. 조상에 대한 제사 문제도 있고, 집안에서도 기독교를 믿는 며느리를 용납할 수 없다고 한다. 아내는 종교를 제외하고는 흠이 없고, 또 이혼할 수 없다고 하는데 이런 경우 이혼할 수 있는지 알고 싶다.

우리나라는 헌법에도 모든 국민은 종교의 자유를 가진다(헌법 제20조)고 규정해 놓았다. 그러므로 부인에게 같은 종교를 가지자고 권유할 수는 있으나 강제할 수는 없다. 아내가 광신적으로 종교를 믿어서 가산을 탕진하거나 가사를 돌보지 않고 기도원에 가서 며칠씩 집을 비우고 하지 않는 한 종교가 다르다는 이유만으로 이혼할 수 없다.

46. 주벽이 심하면 이혼할 수 있다

남편은 항상 술에 취해서 산다. 술만 마시면 생트집을 잡아 가구를 부수고 사람을 구타해서 아이들과 나는 항상 공포에 떨며 살고 있다. 그래도 술이 깨면 잘못했다고 빌어서 나이가 들면 나아지려니 하고 살았는데 갈수록 더 심해진다. 이혼을 하고 아이들과 함께 살고 싶은데 남편은 절대로 이혼해 줄 수 없다고 한다.

주벽도 정도에 따라 다르겠으나 술을 마시고 들어와서 밤새 잠을 못 자게 하고, 구타하고, 살림을 부수고, 가정을 공포 분위기로 만드는 행위를 되풀이할 정도라면 배우자에게 매우 부당한 대우를 받았으며 결혼 생활을 계속하기 어려운 중대한 사유에 해당된다고 볼 수 있다. 그러므로 남편이 이혼에 불응하더라도 이혼 및 위자료, 재산 분할, 양육자, 친권자 지정, 양육지 청구 소송을 제기하여 판결을 받아 이혼할 수 있다(민법 제840조 3호, 6호, 1981. 5. 20. 서울가정법원 판결).

47. 노름이 심하면 이혼할 수 있다

혼인한 지 7년이 되었는데 결혼 이래 남편은 포커에 미쳐서 월급날은 꼭 외박을 하고, 한 번 했다 하면 몽땅 날려 버려야 직성이 풀린다. 그도 모자라 은행 신용카드로 대출을 받고, 고리대금까지 얻어서 없애곤 한다. 빚만 갚아 주면 다신 안 그런다고 해서 처음에는 시집과 친정에서 도와주고, 다음에는 전세금을 빼서 빚을 갚아 주었는데도 그 버릇을 고치지 못하고 계속하고 있다. 더 이상 참을 수 없어 이혼하고 싶은데 가능할까?

우리 부부는 함께 시장에서 가게를 하고 있었다. 손님이 없을 때 근처에서 장사하는 남자들과 심심풀이로 화투를 하던 남편이 급기야는 장사를 내팽개치고 화투에 빠져 가게를 날려 버렸다. 그런데도 정신을 차리지 못하고 본전을 찾아야 한다면서 계속 화투판을 떠나지 않고, 집에도 잘 들어오지 않는다.

오락으로 가끔 포커나 화투를 한다면 모르지만 수년 동안 상습적으로 노름을 하고, 더욱이 외박까지 하고 가정 경제를 파탄시킨다면 혼인 생활을 계속할 수 없는 중대한 사유에 해당된다고 볼 수 있다(민법 제840조 6호).

48. 빚을 졌다는 이유만으로 이혼할 수 없다

남편의 박봉만으로는 생활이 안 되어 의류점을 내서 운영하다가 1천만 원의 빚을 지고 2년 만에 문을 닫았다. 처음 의류점을 낼 때 남편이 동의하고 전세금도 마련해 주었고, 그곳에서 나오는 수입을 생활비에도 보태 썼는데 남편은 그런 점은 전혀 고려하지 않고 빚을 졌다고 꾸짖으면서 이혼을 요구한다. 나 혼자서 호의호식하고 유흥비로 쓰느라 진 빚도 아니고 잘 살아 보려고 집안일까지 하면서 밤낮을 가리지 않고 열심히 일을 했으나 운이 없어서 장사가 안 되어 진 빚을 가지고 위로는 해주지 못할망정 이혼을 하자고 하니 너무 억울하다. 우리는 사글세부터 시작해서 현재는 2억 정도 나가는 집을 소유하고 있다.

남편은 돈에 아주 무서운 사람으로 살림에 들어가는 기본적인 돈이나 아이들 교육비, 양육비까지 줄여서 쓰고 절약하라고 하는 사람이다. 그리고 내가 가내부업을 해서 버는 돈까지 일일이 간섭하고 적금에 들게 해서 내가 버는 돈조차 내 마음대로 쓸 수가 없다. 남편이 주는 돈으로 가정 생활을 꾸리기 어려워 부족한 돈을 빌려서 보태다 보니 10년 동안에 빚이 2천4백만 원으로 불어나게 되었다. 그 사실을 알게 된 남편은 길길이 뛰면서 더 이상 함께 살 수 없다며 이혼을 요구하고 빚도 갚아 줄 수 없다고 한다. 남편을 속인 것은 내 잘못이지만 남편에게 알리면 이해해 주기보다는 주던 생활비마저도 주지 않을 것 같아서 내 선에서 해결하려다 보니 이렇게 되었다. 우리 부부는 빈손으로 만나서 현재는 1억 5천만 원 정도의 재산을 모았다.

이런 경우 이혼을 당해야 되는지 알고 싶다고 물어오는 주부들이 있다. 그러나 단순히 빚을 졌다는 이유만 가지고는 이혼이 성립되지 않는다. 잘살아 보려고 노력하다가 실패하여 진 빚이고, 그 정도가 혼인 생활에 큰 영향을 미친 것이라고 보기 어렵기 때문에 이혼당할 염려는 없다.

49. 생활력이 없다는 이유만으로 이혼할 수 없다

남편은 사람은 호인인데 생활력이 강하지 못하다. 남편이 버는 돈만 가지고는 가정 살림을 꾸려 갈 수 없어서 내가 직장에 나가고 있다. 약한 여자가 사회에 나가 일을 하면 남편은 아내를 살림에만 전념할 수 있게 해주지 못한 데 대해 죄책감을 느끼고 전보다 더 악착같이 이를 악물고 일을 해야 할 텐데 집안일은 잘 도와주지만, 남자가 못나서 그런 식으로 보상하려는 것 같아 보기 싫다. 무능력한 남편과 살고 싶지 않은데 남편은 절대 이혼할 수 없다고 한다.

"아내는 집에서 살림만 하고, 남편은 밖에서 돈을 벌어 가정 경제에 책임을 져야 한다"는 역할 분담론은 절대적인 명제가 아니다. 남편이

가정 경제를 책임질 정도의 돈을 벌지 못하고 아내가 돈을 벌어 가정 경제의 대부분을 책임진다고 해서 남편의 의무를 다하지 못했으니 이혼하자는 주장은 현행법에서는 인정하지 않는다.

부부는 혼인하면 서로 부양할 의무가 있다. 아내가 생활력이 없으면 남편이 아내를 부양하고, 남편이 생활력이 없으면 남편을 아내가 부양해야 한다(민법 제826조 1항).

50. 남편이 소득을 밝히지 않는다는 사유로 이혼할 수 없다

결혼 초부터 우리 부부는 맞벌이를 했다. 혼인 기간 동안 생활·양육비를 내가 부담하고, 남편은 주거 문제를 책임졌다. 결혼 후 10년 간 남편이 생활비를 지급하지 않아 아이들도 학교에 들어가고 해서 생활비와 양육비를 달라, 소득 내역도 알려 달라고 했다. 남편은 당신도 소득을 공개하지 않으면서 왜 내 소득만 알려고 하느냐며 인격을 무시하는 말을 하고 계속해서 살아오던 방식대로 살자고 한다. 이런 남자와는 더 이상 살고 싶지 않다.

이렇게 맞벌이를 하는 부부가 부인은 자신의 소득 내용을 남편에게 알려 주지 않으면서 남편이 소득 상황을 알려 주지 않는다는 사유로 이혼할 수는 없다. 남편이 주거 문제만 책임지고 생활비나 양육비를 계속 주지 않을 경우 혼인 생활을 유지하면서 부양료 및 양육비 청구를 할 수 있다(2008. 6. 13. 서울가정법원).

51. 게임 또는 채팅에 중독되어 가정을 돌보지 않으면 이혼할 수 있다

남편이 게임에 빠져 2000년 회사를 그만두고 게임에만 몰두해 가족을 부양하지 않는다. 아이들의 양육권과 친권을 내가 가지고 이혼하고 싶다.

아내가 인터넷 채팅에 빠져 무단가출하고 아이들과 가정을 돌보지 않아 이혼하고 싶다.

배우자가 컴퓨터 게임에 몰두해 가족을 돌보지 않고, 인터넷 채팅에 빠져 자주 가출을 하고 가정을 돌보지 않을 경우 이혼할 수 있다(2007. 5. 14. 서울가정법원 판결).

52. 잘못이 있는 사람의 이혼 청구는 받아들여지지 않는다

혼인 생활 중 음주, 늦은 귀가, 폭언, 도박 등으로 갈등의 원인을 제공하고, 다툼이 발생했을 때 문제를 해결하려는 노력을 하지 않고 집을 나가 별거하면서 남편이 이혼 소송을 제기했을 경우 아내가 이혼을 원하지 않고 남편이 가정으로 돌아오기를 바란다면 이혼당하지 않는다(2009. 6. 10. 서울가정법원 판결).

53. 오기나 보복적 감정에서 이혼에 응하지 않을 때는 유책 배우자도 이혼을 청구할 수 있다

우리나라는 그동안 "가정 파탄의 책임이 있는 자의 이혼 청구는 허용되지 않는다"는 유책주의를 대원칙으로 삼아 왔다. 그러나 대법원은 1997년 "파탄 이후 상대방이 혼인을 계속할 의사가 없음이 명백한데도 오기나 보복적 감정에서 이혼에 응하지 않을 때는 예외적으로 유책 배우자(파탄에 책임이 있는 사람)도 이혼을 청구할 수 있다"고 판결했다(97므155, 98므15, 22 대법원 판결).

54. 시비를 가르는 것이 무의미할 정도로 장기간 별거를 한 경우 유책 배우자도 이혼을 청구할 수 있다

지금까지는 원칙적으로 유책 배우자의 이혼 청구를 받아들이지 않는 '유책주의'를 고수하고, 혼인생활을 유지하고 싶지 않으면서도 보복적 감정으로 이혼을 거부하는 경우에만 유책 배우자의 이혼 청구를 허용하는 것이 대법원 판례였다. 그런데 대법원은 시비를 가르는 것이 무의미할 정도로 장기간 별거를 해왔다면 유책 배우자의 이혼 청구를 인정해야 한다고 판결했다(2010. 1. 7. 대법원 판결).

재판부는 "별거 기간이 장기화하면서 원고의 유책성도 세월의 경과에 따라 상당 부분 약화되고 그에 대한 사회적 인식이나 법적 평가도 달라질 수밖에 없다"며 "이 같은 상황에서 이혼 여부를 판단하는 기준으로 파탄에 이르게 된 책임의 경중을 엄밀히 따지는 것의 법적·사회적 의의는 현저히 감소했다"고 밝혔다. 재판부는 "원고와 피고의 혼인은 회복할 수 없을 정도로 파탄 나고 혼인생활을 강제하는 것이 한쪽 배우자에게 참을 수 없는 고통이 되는 점을 고려할 때 원고의 유책성이 이혼 청구를 배척해야 할 정도로 중하다고 할 수 없다"고 설명했다. "혼인 관계가 파탄 나 별거 기간이 상당히 길어지고 관계 회복 의지가 부부 모두에게서 고갈돼 돌이킬 수 없는 상태가 됐다면 이에 대한 책임이 있는 배우자의 이혼 청구도 허용하는 것이 두 사람을 위하는 길"이라고 설명했다.

55. 부부 성관계를 거부한다는 이유만으로 이혼할 수 없다

결혼한 뒤 지속적으로 부부관계가 없었다 하더라도 관계를 회복하기 위한 노력을 하지 않았다면 이혼을 요구할 수 없다.

정당한 이유 없이 성관계를 거부하거나 성기능 장애로 성생활이 불가능한 경우에는 이혼 사유가 되지만 전문적인 치료와 도움으로 정상적인 성생활로 돌아갈 가능성이 있으면 성관계가 없다는 것만으로 이혼을 해야 할 중대한 사유가 안 된다(2010. 1. 6. 대법원 판결).

56. 일방적 외국 법원 이혼 판결 국내 효력 없다

남편이 한국에 거주하는 나를 상대로 미국 워싱턴 법원에 이혼 소송을 해서 이혼 신고가 되었다. 나는 법원에 가서 말 한 마디도 하지 못한 채 이혼당한 게 너무 억울하다. 미국 법원 판결을 무효로 할 수 없는지 알고 싶다.

섭외 이혼 사건에 있어 이혼 판결을 한 외국 법원에 재판 관할권이 있다고 하기 위해서는 이혼 청구 상대방이 행방불명이나 기타 이에 준하는 사정이 있거나 상대방이 적극적으로 응소해 그 이익이 부당하게 침해될 우려가 없다고 보이는 예외적인 경우를 제외하고는 상대방의 주소가 그 나라에 있을 것을 요건으로 하는 이른바 피고주소지주의에 따르는 것이 옳다.

남편이 부인을 상대로 워싱턴 법원에 이혼을 구하는 소를 제기했을 당시 부인은 우리나라에 거주하고 있었던 만큼 행방불명 등의 사정이 있었다고 할 수 없을 뿐 아니라 원고가 응소하지 않았다면 워싱턴 법원에는 국제 재판권 관할권이 없기 때문에 이 사건의 이혼 판결은 국내에서 효력이 없다. 일방적 외국 법원 이혼 판결은 국내에서 효력이 없는 것이다(2007. 12. 26. 대법원).

57. 혼인관계 증명서의 이혼 기록은 없앨 수 없다

호주제 폐지로 인해 2008년 1월 1일부터 호적이라는 것은 없어지고 가족관계 등록 제도가 시행됨에 따라 호적 대신 가족관계 증명서, 기본 증명서, 혼인관계 증명서, 입양관계 증명서, 친양자 입양관계 증명서 이렇게 다섯 가지 증명서를 증명 목적에 따라 마련하고 있다.

따라서 개인의 이혼 사실은 기본 증명서에는 나타나지 않고 혼인관계 증명서를 떼야만 나타나게 된다. 혼인관계 증명서의 이혼 기록은 없앨 수는 없다.

그러나 위의 다섯 가지 증명서는 본인, 직계혈족, 직계비속, 배우자, 형제 자매의 경우에만 제적등본 또는 가족관계 등록 관련 증명서를 발급받을 수 있고, 제3자는 위임을 받아야만 발급받을 수 있다.

58. 결혼 6개월 만에 딸과 헤어진 사위에게서 결혼 전 주었던 전세금을 반환받을 수 있다

남편과는 맞선으로 만나 그해 결혼식을 올렸지만 혼인 신고는 하지 않고 각자 직업 때문에 주말 부부로 지냈다. 결혼 전 친정아버지에게 받은 1억1천만 원으로 전셋집을 구해 생활해 오다 서로 상대방을 배려하지 않는다는 등의 이유로 싸움이 잦았는데 남편이 결혼 생활 6개월 만에 사실혼 관계 파기 통고서를 나에게 보냈다. 친정아버지가 결혼 전에 줬던 전세 자금 1억1천만 원을 반환해 달라고 하자 남편은 자기에게 증여한 돈이니 반환해 줄 수 없다고 한다.

결혼 전 처가에서 전세 자금을 증여받았다가 '상당한 기간' 이 지나지 않아 혼인 관계가 파탄났다면 전세 자금 전액을 처가에 돌려줘야 한다. "원고가 피고에게 전세 자금을 증여한 것은 '상당한 기간' 내에 법률상 혼인이 불성립할 경우 돌려받는다는 조건이 붙은 것으로 봐야 하며, 피고가 원고의 딸과 혼인 신고도 없이 주말 부부로 6개월 간 지내다 불화 끝에 사실혼 관계를 끝내기로 했다면 '상당한 기간'이 지나지 않았다고 봐야 한다"는 대법원 판례가 있다(2005. 6. 8. 대법원 판결).

59. 이혼 후 전 남편의 집에 잠시 들어가 자녀들에게 음식 등을 장만해 준 경우 주거 침입이 아니다

이혼 후에도 자녀들과 교류했고 양육비도 상당히 지출했으며 면접 교섭권이 제한되었거나 배제되었다고 볼 수 있는 사정은 찾아볼 수 없는 경우 이혼한 부인이 아이들 아버지(父)의 집에 허락 없이 잠시 들어가 자녀에게 음식 등을 장만해 준 경우 주거 침입이 아니다(사건번호 2003드5931, 대법원 판결).

60. 간통 증거 수집을 위해 상간녀 집에 들어가면 주거 침입죄 성립한다

남편이 이유 없이 외박을 하고, 휴대폰을 나가서 받는 등 수상한 행동을 하여 확인해 본 결과 다른 여자와 불륜관계를 가지고 수시로 그 여자의 집에 가서 밤을 보낸다는 것을 알게 되었다. 두 사람을 간통죄로 고소하려고 하는데 간통 사실에 대한 구체적인 증거가 없으면 경찰서에서 고소장을 접수해 줄 수 없다고 한다. 간통에 대한 구체적인 증거를 수집하기 위해 남편이 그 여자와 함께 그여자 집으로 들어가는 것을 보고 문을 두드렸다. 문을 열어 주어 친구들과 함께 방안으로 들어가 상간녀에게 심한 욕설을 하고 서랍장을 뒤졌으며, 집안 내부를 사진 찍었으나 남편과 상간녀의 간통에 대한 구체적인 증거를 찾지는 못하였다. 그런데 상간녀가 나와 친구들을 주거 침입으로 고소했다. 간통이라는 범죄에 대한 증거를 수집하기 위하여 들어간 정당한 행위인데 형사 처벌을 받아야 하는지 궁금하다.

대법원은 간통 현장 목격과 사진 촬영이라는 목적이 있다고 하더라도 이 목적이 피해자의 주거생활의 평온이라는 법익 침해를 정당화할 만한 이유가 될 수 없고, 간통에 관한 증거 수집을 위해 주거 침입을 한다는 것이 긴급하고 불가피한 수단이라고도 볼 수 없다고 판결했다 (대법원 2003. 9. 26. 선고 2003도3000 판결). 이 판례의 하급심 판결들은 간통 증거 수집을 위한 주거 침입 행위가 정당 행위에 해당한다고 하여 무죄를 선고하였는데, 대법원은 이런 1,2심의 판단과 달리 주거 침입 죄를 인정하였다.

우리 형법에는 사회 상규에 위배되지 않는 행위는 정당 행위에 해당되어 비록 그 행위가 범죄에 해당하더라도 처벌하지 않는다고 정하고 있다(형법 제20조). 사회 상규에 위배되지 않는 행위로 인정받을 수 있는 예는 '야간에 술에 만취되어 따지기 위하여 거실에 침입하는 피해자를 밀어내는 과정에서 전치 2주의 상처를 입힌 행위'(대법원

94도2746), '목이 졸린 상태에서 벗어나기 위하여 손을 잡아 비틀다가 상해를 가한 경우'(대법원 96도979) 등 상대방의 불법한 공격에서 자신을 보호하기 위하여 소극적으로 저항하는 행위, 가해자에게 치료비를 요구하고 주지 않으면 구속시키겠다고 하는 경우(대법원 77도1107) 등이 있다.

61. 부부 싸움 때 공포심 유발하면 협박죄 성립한다

아내가 나의 말을 믿지 않고 여자관계가 있다고 의심해서 주방에서 칼을 가져와 책상 위에 놓고 "불륜이 사실이라면 내가 당신 앞에서 죽겠다"고 했더니 나를 협박죄로 고소하겠다고 한다. 아내를 죽이겠다는 것도 아니고 내가 스스로 죽겠다고 했는데 협박죄가 성립하는지 알고 싶다.

부부 싸움 중 실제 가해 의도와 무관하게 상대에게 해악을 줄 수 있다는 공포심을 유발했다면 협박죄가 성립한다. 스스로 죽겠다고 말했다 해도 남편의 언행은 부인을 가해하겠다는 의사 표시로 이해되기에 충분하고 상대방이 공포심을 일으킬 수 있는 정도의 해악의 고지라 할 수 있다. 실제 가해 의도나 욕구가 있었는지는 협박죄 성립에 아무 영향이 없다는 판례가 있다(2010. 1. 3 서울북부지방법원).

62. 바람핀 남편의 이메일을 몰래 보면 비밀 침해의 죄가 성립한다

남편의 외도 증거를 잡기 위해서 남편의 이메일 아이디와 비밀번호를 알아내서 이메일 사이트에 접속해 남편의 내연녀가 보낸 '잘 도착했어요' 라는 제목의 이메일을 열어 보았다. 그리고 남편이 내연녀에게 보낸 '보고 싶습니다' 라는 제목의 이메일을 보았다. 그 이메일 내용을 인쇄해 남편을 상대로 낸 위자료 청구 소송에 증거로 사용했다. 그런데 남편이 나를 정보통신망 이용 촉진 및 정보 보호 등에 관한 법률의 비밀 침해 혐의로 고소했다. 남편이 다른 여자와 성관계를 맺은 간통죄에 관한 정보이므로 그 피해자인 나에게는 비밀이라고 할 수 없고 또한 법원에 증거로 제출하였는데 비밀 침해가 되는지 알고싶다.

남편의 사적인 내용이 담긴 이메일은 다른 사람에게 알려지지 않는 것이 남편에게 이익이 되기 때문에 남편의 이메일을 열어 본 행위는 타인의 비밀을 침해한 것이다. 비록 법원에 제출하기 위한 증거 자료로 사용했다 하더라도 위법성이 없어지지 않는다(2010. 1. 12 서울동부지방법원 판결).

63. 이혼하면서 배우자의 재산을 파악하기 위해 재산 명시 신청을 할 수 있다

　남편과 30년 전 결혼해서 슬하에 2남 1녀를 두었다. 남편이 성격이 강하고 독선적이라서 자기 말에 무조건 따르지 않으면 쌍욕을 하고 때리기까지 하였다. 아이들이 어릴적에도 자기 마음에 조금만 들지 않으면 구박을 하고 모욕적인 말을 하고 억압적으로 굴어 아이들이 성인이 된 후에도 아버지가 무서워 마주하려 하지 않는다. 시댁과의 관계에 있어서도 중간 역할을 잘 해주기는커녕 나를 폄하하는 말을 해서 시어머니가 나에게 쌍욕을 하신 적도 여러 번 있었다. 자기 수입에 대해서 일절 알려 주지 않고 생활비도 잘 내놓지 않아 살기 너무 힘들었는데 어린 자식들을 두고 나갈 수 없어서 참고 살았다. 그런데 이제 와서는 의처증까지 생기어 나를 괴롭히고 빈 몸으로 집에서 나가라고 한다. 더 이상 참고 살 수 없어 이혼하고 재산 분할 청구를 하고 싶은데 현재 살고 있는 집을 제외하고는 남편이 가지고 있는 재산에 대해서 전혀 알지 못하는데 알 수 있는 방법이 없는지 알고 싶다.

　이혼에 따른 재산 분할 청구 사건이나 부양료, 양육비 청구 사건에서는 당사자의 재산을 파악하는 것이 심리의 가장 중요한 요소임에도 불구하고 종전에는 당사자의 자발적인 협조 없이는 그 재산을 파악하는 것이 어려웠고, 그로 인하여 재판이 불필요하게 지연되는 사례가 적지 않았다. 이러한 문제를 해결하기 위하여 개정 가사소송법(2009.

11. 9. 시행)은 재산 명시 제도(가사소송법 48조의2)와 재산 조회 제도를 도입하였다(가사소송법 48조의3).

그 주요 내용은 가정법원이 직권 또는 당사자의 신청에 의하여 당사자에게 재산 목록의 제출을 명하고, 재산 명시 명령을 받은 당사자가 정당한 사유 없이 재산 목록의 제출을 거부하거나 거짓의 재산 목록을 제출한 경우 과태료를 부과함으로써 성실한 재산 목록의 제출을 유도하는 것이다.

재산 명시 대상 당사자가 정당한 사유 없이 재산 목록의 제출을 거부하거나 거짓의 재산 목록을 제출한 때에는 1천만 원 이하의 과태료에 처하게 된다(가사소송법 67조의2).

그리고 재산 명시 절차를 거쳤음에도 불구하고 당사자가 재산 목록의 제출을 거부하거나 제출된 재산 목록만으로는 사건의 해결이 곤란한 경우와 재산 명시 절차에서 상대방이 재산 명시 명령의 송달을 위한 주소 보정 명령을 받고도 공시 송달 요건에 해당되는 사유로 인하여 이를 이행할 수 없었던 경우에 가정법원이 개인의 재산과 신용 정보에 관한 전산망을 관리하는 공공기관, 금융기관, 단체 등에 대한 당사자 명의의 재산의 조회를 통하여 당사자의 자발적 협조 없이도 당사자의 재산 내역을 발견, 확인할 수 있다(가사소송법 48조의3).

재산 조회 신청은 재산 명시 절차를 거친 재산 분할, 부양료, 미성년 자녀의 양육비 청구 사건의 당사자가 신청할 수 있다.

64. 재산 분할 안 해 주려고 남편이 재산 명의를 자기 남동생에게 넘겨 준 경우 그 취소 및 원상회복 청구를 할 수 있다

남편이 제게 재산 분할을 해주지 않기 위해서 집 명의를 자기 남동생에게 넘겨 주었습니다. 그리고 자기는 재산이 한 푼도 없으니 알아서 하라고 합니다. 다시 원상회복 시킬 수 없나요?

재산 명의자가 아닌 배우자의 부부 재산에 대한 잠재적 권리 보호의 강화를 위해 만약 부부의 일방이 상대방 배우자의 재산 분할 청구권 행사를 해함을 알고 사해 행위를 한 때에는 상대방 배우자가 그 취소 및 원상회복을 법원에 청구할 수 있다(민법 제839조의3). 재산 분할 청구권을 보전하기 위한 사해 행위 취소권은 취소 원인을 안 날부터 1년, 법률 행위가 있은 날부터 5년 내에 제기하여야 한다(민법 제406조).

65. 이혼 소송에서는 공탁금 없이 재산을 가압류할 수 있다

남편이 바람을 피우거나 상습적으로 구타할 때, 가정에서 살림만 하던 아내들이 이혼 및 위자료 청구 소송을 하면서 부동산에 대한 가압류 명령 신청을 할 경우 공탁금을 걸 돈이 없어 고민을 하는 경우가 많다. 그러나 이혼 소송은 일반 민사 사건과 달라서 가사 사건에 한하여 공탁금 없이도 부동산을 가압류할 수 있다. 즉 가압류를 하는 경우 신청인의 경제 능력이 전혀 없다는 소명이 있을 때는 법원은 담보 제공을 명하지 않을 수 있다(가사소송법 제63조 2항).

공탁금 대신 보증보험의 지급 보증 위탁계약 증서로 이를 허가하여 달라는 신청서를 제출할 수 있다(민사소송법 제122조). 이러한 보험 증권으로 담보 제공을 해도 좋다는 법원의 허가를 받게 되면 보험회사와 보험 계약을 체결하고 보험 증권을 발급받아 그 증권 원본을 법원에 제출하면 된다. 보험료는 대개의 경우 공탁 금액의 0.5퍼센트 내지 1.0퍼센트 정도(1,000만 원당 10만 원)이며, 이러한 수수료만 내면 보험회사에서 공탁을 대신해 준다. 다만 공탁액이 일정액(3,000만 원)을 넘을 경우에는 보험회사에서 보증인을 요구하는데 이때 보증인의 재산세 과세증명서, 인감증명서, 인감도장, 인감증명서상의 주소지와 재산세 과세 대상 물건의 주소지가 다를 경우에는 물건의 등기부등본이 있어야 한다.

66. 자기 모르게 재판 이혼이 되어 있을 때는 재심을 청구할 수 있다

남편이 첩과 살면서 구타를 심하게 해서 집을 나와 따로 살고 있다. 생활비도 주지 않아서 직장에 나가 돈을 벌어서 생활을 꾸리고 있다. 남편이 가끔 나타나서 이혼을 해 달라 요구해서 거절했다. 그 여자와 정리하고 자기 잘못을 뉘우치면 아이들도 있고 해서 들어가서 살려고 했는데 이번에 가족관계등록부를 보니 4개월 전에 나도 모르는 사이에 가정법원으로부터 재판 이혼을 한 것으로 되어 있었다. 그리고 첩이 아내로 혼인 신고가 되어 있었다. 알아 보니 나를 소재 불명으로 해서 이혼 판결을 받았다고 한다. 너무 억울하다. 남편의 부인으로 올려져 있는 첩을 지우고 가족관계등록부를 다시 정상으로 고칠 수 없는지 알고 싶다.

이 부인의 경우처럼 부인의 주소를 남편이 알고 있으면서도 일방적으로 주소를 모르는 것같이 해서 재판으로 이혼을 한 경우 가정법원에 재심 청구를 할 수 있다(민사소송법 제451조 1항). 그러나 재심 사유를 안 날부터 30일 이내 그리고 판결 확정 후 5년 이내에만 재심청구를 할 수 있다(민사소송법 제456조 1항, 3항). 재심 청구에서 승소하면 다시 남편의 가족관계등록부에 부인으로 올라가게 되고 중혼 취소 청구를 해서 판결을 받아 첩을 제적할 수 있다(민법 제810조, 동법 제816조 1호).

67. 사실혼 관계를 해소하는 데 형식이 필요하지 않다

결혼한 지 2개월인데 아직 혼인 신고는 하지 않았다. 서로 성격과 이상이 맞지 않고 대화가 통하지 않아서 이혼하려고 하는데 어떠한 절차를 밟아야 하는지를 알고 싶다.

혼인 신고를 하지 않은 부부는 법률상의 부부가 아니므로 그 혼인

생활을 해소하는 데 아무런 법적인 절차가 필요하지 않다. 부부가 합의하고 헤어지거나, 어느 일방이 사실혼 해소 통고를 하고 부부 관계를 청산하면 바로 이혼이 된다.

68. 사실혼 관계를 이유 없이 파탄시킨 배우자에게 손해 배상을 청구할 수 있다

혼인 신고가 되어 있지 않은 사실혼의 부부는 서로 싫어 헤어지면 이혼이 된다. 그러나 본인에게 아무런 잘못이 없는데 배우자가 일방적으로 사실혼 해소를 통고하고 살지 않겠다고 할 경우 혼인 신고가 되어 있는 부부가 이혼할 때와 마찬가지로 손해 배상을 받을 수 있다. 만약 손해 배상에 대한 합의가 되지 않으면 관할 가정법원(지방은 지방법원 가사부)에 사실혼 해소로 인한 손해 배상을 청구할 수 있다(민법 제843조).

69. 중혼적 사실혼 관계 해소의 경우, 재산 분할은 허용되지 않는다

법률상 배우자가 있는 자는 그 법률혼 관계가 사실상 이혼 상태라는 등의 특별한 사정이 없는 한 사실혼 관계에 있는 상대방에게 그와의 사실혼 해소를 이유로 재산 분할을 청구함은 허용되지 않는다(1995. 7. 3. 대법원 판례).

바람직한 부부로 가는 길

지금 당신의 부부 관계는 어떻습니까?
바람직한 현대 가정, '동료 가정'
행복한 가정을 이루기 위한 배우자의 조건
자녀를 위한 진정한 부모 사랑

지금 당신의 부부 관계는 어떻습니까?

부부 싸움의 목적이 행복한 가정을 유지하기 위한 것이라면 나는 어떠한 부부 관계를 원하는가를 미리 생각해 두어야 한다. 가족 관계를 연구하는 학자들이 실험과 연구를 통해서 제시해 놓은 몇 가지 유형을 소개한다. 자신에게 해당되는 유형이 어떤 것인지 판단해 보고, 자기가 바라는 부부 관계를 얻기 위해 노력해야 한다.

1. 갈등이 습관화된 부부 관계

갈등이 습관화된 부부는 심한 긴장과 해결할 수 없는 갈등을 가지고 있다. 습관적으로 싸우고 잔소리하고 과거를 들추어낸다. 그들은 상호간에 사고방식과 의사소통 방법이 상반되어 항상 긴장된 분위기

속에 있다는 것을 알고 있다. 갈등이 습관화된 관계에서 논쟁의 주제는 중요한 것이 아니고, 일반적으로 해결하려고 하지도 않고, 해결될 것이라고 기대하지도 않는다. 경쟁적이고 논쟁적인 대화가 의사소통의 유형이다. 표면적으로 싸우며 살아가지만 이것이 꼭 상대방에 대한 애정과 관심이 없는 것을 의미하지는 않는다. 이런 관계는 이혼하려고 하지도 않으며 이혼할 필요도 없다.

　이러한 부부들은 표현하지 않으면 안 되는 많은 적대 감정을 가지고 있고, 갈등을 표현하는 의사소통 방법을 통하여 정서적인 욕구를 충족시키기도 하기 때문에 이런 부부 관계를 서로 적응이 안 되는 불안정한 상태라고 단정할 수는 없다. 때에 따라 부부 싸움이 부부를 하나로 묶는 기능을 하기도 한다.

그러나 이 유형은 자녀들이 상처와 고통을 깊이 받아 신경성 질환 등의 병에 걸리는 경우가 있다.

2. 활력이 없는 부부 관계

활력이 없는 부부 관계는 일반적으로 결혼한 지 6-7년 후에 나타나고, 신혼기를 지나면 처음의 열정이나 친밀감, 애정 등이 약해져 간다. 과거에는 많은 시간을 함께 보내며 정서적으로 매우 친밀했지만 현재는 같이 지내는 시간이 적고 함께 활동하고 즐기는 횟수도 적다. 같이 있는 대부분의 시간이 의무적으로 계획되고 실천되며, 가족과 함께 있는 것이 자발적이기보다는 책임감에 따른 것뿐이다. 감정이 없어지고 이성적이며 실리적인 관계가 된다.

3. 소극적-합치성의 부부 관계

이 부부 관계는 정서적인 친밀감보다는 경제적 안정, 재산 확대, 명예, 출세, 전문성의 성취, 자녀에 관한 희망 등에 관심의 초점을 둔다. 이런 부부는 결혼 초기부터 정서적인 열정은 기대하지 않는다. 정서적인 친밀성이 약하고, 결혼에 대한 환상보다는 결혼을 편리하고 안락한 삶의 한 방편으로 삼는다. 또한 각자의 관심과 창조적 역량을 생업, 전문 직업, 사업 등에 쏟으며, 자기의 직업 생활과 사회 관심사에 몰두하기를 원한다. 이들은 결혼 생활을 공리주의적(功利主義的)으로 받아들이는 경향이 있다.

이런 경향 때문에 소극적 합치성의 부부는 정서적 친밀성에 대한 비현실적(非現實的)인 기대를 하는 부부보다 이혼을 하는 경우가 적다. 그러나 결혼이 경제적 지원이나 전문적인 성취와 같은 실제 욕구를 충족시켜 주지 못하거나 개인의 명예나 출세 등에 장애가 된다고 느낄 때는 이혼을 결심할 수도 있다. 그렇다고 가정 생활, 아내, 자녀와 친밀한 정서적 관계가 없어 보이는 전문 직업인, 사업에만 몰두하는 경영인 등을 이런 결혼 동기와 관련하여 일반화할 수는 없다.

4. 생기 있는 부부 관계

부부가 많은 시간을 함께 보내며 즐기는 관계다. 이런 부부는 각자 독자성을 지니면서도 부부 관계가 각자에게 중요하다고 느끼고, 가정 생활을 중심으로 하면서도 각자의 직업과 사회 활동 등에서도 성공적이다.

그러나 생기 있는 부부에게 갈등이 없는 것은 아니다. 핵심을 파악하고, 가능한 한 빨리 해결하려고 노력함으로써 관계를 유지하고 발전시켜 나가는 것이 중요하다. 활력이 있는 부부는 갈등이 발생할 때 곧 조정과 적응할 수 있는 능력이 있기 때문에 갈등으로 인한 긴장의 시간이 짧다.

5. 전면적인 부부 관계

　부부가 많은 측면에서 일상 생활에 공동으로 참여하는 것이 다른 유형과 다르다. 비슷한 직업, 같은 직장, 공저, 공동으로 운영하는 사업 등과 같이 일을 함께 하며 생활한다.
　이 유형은 모든 일상 생활이 부부 중심이어서 자녀들에게 소외감을 줄 수도 있고, 지나치게 부부 관계에만 몰두하다 보면 친구, 이웃, 친척, 동료들에게 이탈감을 느낄 수도 있다(송성자(1987), 《가족 관계와 가족 치료》 참조).

바람직한 현대 가정, '동료 가정'

　가정은 작은 규모의 생활 공동체이며 사회 구성의 기본 단위가 되는 소집단이다. 따라서 인간은 가정의 구성원인 동시에 사회의 구성원이다. 만약 사회 구성의 기본 집단인 가정이 질서와 평화와 조화를 찾지 못하고 생명을 경시할 때 사회 전체의 질서와 평화는 깨지게 된다.
　대가족 제도에서 핵가족 제도로 변천하는 것은 세계적 추세이며 우리나라도 차츰 그렇게 변화되어 가고 있다. 그러나 우리나라는 그러한 변화를 뒷받침할 만한 철학적 사상이나 제도가 정립되어 있지 못하다. 현대 가정에 걸맞는 윤리관과 가치관이 확립되지 못한 채 기존의 윤리관과 가치관이 일부는 붕괴된 채로, 일부는 잔존한 채로 공존하고 있다.
　예전의 우리 가족 제도는 유교 사상에 근거한 봉건적이고 가부장적인 종속 관계로 가정의 질서를 세웠다. 특히 여성의 생활은 남성이 살아가는 데 필요한 생활의 수단으로 존재했다. 표면적으로는 평온하고 조화를 이룬 듯했으나 사실은 거의 피압박인으로 강요된 생활 습관이 타성이 되어 여성의 열등이 선천적인 것으로 자인되고 체념되었다. 이러한 구질서에 대하여 1948년에 제정된 우리 헌법은 개인의 자유·평등·혼인의 순결을 기초로 하는 부부 평등·부모 평등을 원칙으로 하는 부부, 부모, 자녀 본위의 민주적 제도로 현대 가정의 질서를 파악했다.

따라서 신구 가족 윤리의 공존으로 인한 가정 질서와 윤리의 혼란, 상충, 마찰이 빚어지고 있다. 아내를 가정에만 속박하지 않고 사회생활, 직장생활을 자유로이 할 수 있도록 허용하고 있다고 말하는 남편이 아내가 벌어오는 돈이 가정에서 커다란 몫을 차지하는데도 공식적으로는 이를 인정하지 않는다거나 가사를 분담하는 것은 남자답지 않다며 맞벌이하는 아내를 전혀 도와주지 않는 경우도 허다하다. 아내의 경우에도 자기 월급 액수를 남편에게 알리지 않고, 그걸 알고자 하는 남편을 남자답지 못하다고 비난하고, 가사일을 도와주지 않는 남편을 비인간적인 남편이라고 몰아붙이는 경우가 많다.

부모는 부모대로 사랑이라는 미명하에 결혼하여 가정을 이룬 자녀의 생활을 계획·지시·강제·억압·해결·통제하려 하고, 자녀들이 이에 따르지 않으면 불효자로 몰아세우는 경우가 비일비재하다. 자녀들은 부모의 간섭을 받지 않으려 하고, 부모를 부양하는 것을 싫어하면서도 부모에게 물질적인 도움을 받으려 하고, 부모가 주는 게 당연하다고 생각하며 요구하고 강요까지 하는 경우가 많다. 사회보장 제도가 제대로 되어 있지 않은 우리나라 현실에서는 노쇠하여 경제력이 없는 부모를 자녀가 부양해야 하고 또 마땅히 할 수밖에 없음에도 불구하고 부모를 부양하려 하지 않는다. 부모가 건강하고 경제력이 있는 경우에는 부모가 원하지 않는데도 자기들이 모시고 효도하며 살겠다는 미명 하에 부모와 함께 살려 한다. 이중적인 사회 구조에서 자기 유리한 대로 신구 질서를 적용하기 때문에 일어나는 현상인 것 같다.

돈이 많다고 건강하고 행복한 가정이 될 수는 없다. 행복한 가정은 남성이 우위냐, 여성이 우위냐를 놓고 힘 겨루기를 하는 곳이 아니다. 건강한 가정은 어떠한 배우자도 다른 배우자보다 더 많은 권력이나 권위를 소유하지 않고, 또한 오랜 기간 지켜 온 남성과 여성의 전통적인 분업을 고수하지 않아야 한다. 누구도 지배당하지 않으면서 지배하지도 않아야 한다. 가족 모두의 인간적인 성장이 보장되는 가정, 부부가 크고 작은 일, 역할들을 구별하지 않고 함께 분담해 가는 가정이 되어야 한다. 자유적 행동 능력과 책임감, 합리적 판단력과 같은 새로운 부부 윤리를 창조하고 계발해야 한다. 각자가 전통과 권위에서 해방되어 자유스러워졌으나 서로 협조해 가면서 교양과 합리적인 지성의 개발이 필수적으로 요청되는 것이다.

자녀와의 관계에서는 가정이 그들의 건강하고 행복한 생활을 보호해 줄 수 있어야 한다. 자녀를 부모의 사유물이나 혈통 계승의 수단으로 또는 가족의 출세와 성공을 위한 수단으로 삼는 데서 벗어나야 한다. 또한 자녀를 부모의 경제적 지위, 즉 물질적 부나 가난 또는 무지의 희생물이 되게 해서는 안 된다.

앞으로의 가정은 '동료 가정'으로 나아갈 것이다. 동료 가정에 흐르는 애정은 '내 가족', '내 자녀'라고 하는 편협한 이기주의에서 솟아나는 애정이어서는 안 된다. 가족 구성원 한 사람 한 사람이 가진 잠재적 가능성을 최대한으로 발휘하여 인생의 목표를 달성할 수 있도록 깊은 이해와 인간적인 사랑이 흘러넘치는 민주적인 가정이어야 할 것이다.

행복한 가정을 이루기 위한 배우자의 조건

의대를 졸업하고 인턴으로 근무할 때 중매인을 통해서 집, 살림 일체, 병원 개업비, 아버지 사업 자금까지 지원해 주겠다는 집안에서 청혼이 들어와 현재의 아내와 선을 보았습니다. 부모님은 결혼을 추진하고 싶어 하셨지만 저는 별로 마음에 들지 않아 그만두었습니다. 그 후 여러 사람과 선을 보았고 그 중에는 제 마음에 드는 사람도 있었지만 부모님이 탐탁지 않아 하며 자꾸만 그때의 그 처자가 집안으로 보나 조건으로 보나 가장 잘 어울린다며 한 번만 더 만나 보라고 하셔서 1년 후에 다시 만나 결국 결혼했습니다.

결혼할 당시에도 이 여자다 하는 확고한 느낌은 없었지만 인생의 경험이 풍부한 부모님께서 여자들은 거의 차이가 없다고 하시며 권유하시는 여자와 결혼해야 편안한 가정을 이룰 수 있다는 일반적 통념과 경제적 조건, 그에 따른 제 장래 등을 생각해 결혼했습니다. 그런데 막상 살아보니 성격도 맞지 않고, 대화가 통하지 않는데다 요구하는 게 너무 많습니다. 또 알게 모르게 자기 친정의 경제력을 과시하면서 사람을 정신적으로 압박하고 지치게 만듭니다. 하루하루의 생활이 지옥과 같습니다. 이혼할 수 없을까요?

일류 대학을 나오고, 좋은 직장에 근무하고 있으며, 아파트도 한 채 자기 소유로 가지고 있고, 집안 형제들도 모두 잘산다는 남자를 중매로 만나서 한 달 만에 결혼했습니다. 혼수도 저희 집안 사정으로는 과다할 정도로 요구했지만 원체 남자의 조건이 좋아서 빚까지 얻어서 장만했습니다. 그런데 결혼해서 보니 그게 모두 거짓말이었습니다. 중매인과 남편을 고소할 수 없을까요?

대학원을 졸업하고 직장 생활을 하다가 재미 교포인 남편과 중매로 결혼했습니다. 남편의 초청으로 미국에 갔는데, 처음에는 그런대로 아내 대접을 하던 남편이 한 달이 지나자 언어도 잘 통하지 않고 아직 그곳 생활에 적응하지도 못한 저에게 직장을 가지라고 요구했습니다. 직장 생활이 지겨워서 결혼했는데 결혼해서까지 직장에 나가야 하느냐고 했더니 그 뒤부터는 방도 따로 쓰고, 일하지 않는 여자는 먹을 권리도 없다면서 냉장고에 있는 음료수 한 병도 마음대로 먹지 못하게 했습니다. 늦게까지 결혼을 안 해서 속을 썩혀 드린 어머니께 그런 사실을 알릴 수 없어 참는 데까지 참았지만 도저히 견딜 수 없어 연락을 했습니다. 어머니가 중매인을 통해서 시누이에게 이 사실을 알리자 시누이가 남편에게 국제 전화를 해서 너 하나 믿고 먼 타국에 간 아내에게 그럴 수 있느냐면서 야단을 쳤습니다. 그러자 남편은 남편에게 빌붙어서 살아가려는 사고방식을 가진 여자와는 살 수 없다며 왜 그런 여자를 소개했느냐면서 오히려 자기 누나에게 따졌습니다. 기가 막힌 시누이는 어머니께 동생이 15년 간을 미국에서 살아서인지 자기가 알던 동생이 아니라며 어떻게 했으면 좋겠는지 오히려 되물어 왔답니다. 결국 어머니가 인편을 통해 여비를 보내 주시어 귀국했습니다. 그곳에서 남편과 살았던 6개월이 악몽 같습니다. 생각할수록 억울하고 분해서 견딜 수가 없습니다.

결혼한 지 1년 미만의 부부들, 그리고 그들의 부모, 형제, 자매가 이런 사연을 가지고 상담원을 찾아오는 경우가 점점 많아지고 있다. '경제 발전 몇 개년 계획 달성', '국민 소득 몇천 불 계획 달성' '수출 몇억 달러 계획 달성', '우리의 1년은 세계의 10년'이라는 등등의 구호와 목표 달성이라는 절대 과제 아래 우리는 60년대부터 계속해서 지금까지 살아왔다. 물론 그 결과로 크나큰 경제 발전을 이루었고 국민들도 그에 상응하는 부를 누리고 있음을 부인할 사람은 없다. 정치 지도자들은 경제적으로 여유가 생기면 각박한 인심이 좋아지고, 싸움이 줄어들고, 정치·문화·사회 모든 분야에서 무슨 문제든지 쉽게 해결되고, 세계적으로 한국인이 존경받을 수 있을 것이라고 말해 왔다.

그러나 그동안 국민들의 어려움과 불만을 누르는 과정에서 경제력,

즉 돈만 있으면 모든 게 다 해결된다는 생각이 우리 사회에 거부감 없이 자리잡았고, 그 속에서 태어나고 자란 세대들에게는 '사랑은 돈으로 살 수 있다. 그러나 돈은 노력해도 벌기 어렵다. 따라서 결혼 상대를 구할 때 상대의 인품이나 사랑을 따지기보다는 경제적으로 어떠한 혜택을 줄 수 있는 사람인가를 우선적으로 보아야 한다'는 사고가 강력히 잠재하게 되었고, 현재 사회 풍조도 이런 생각을 뒷받침해 주고 있다. 이로 인해 결혼을 하나의 투자로, 일확천금의 수단으로, 출세를 위한 발판으로 생각하는 사람들의 수가 점점 늘어 가고 있어서 흔히 말하는 '가능성 있고 능력 있는 남자(즉 투자 가치가 있는 남자)'와 결혼하려면 여자 측에서 최소한 세 개 이상의 열쇠를 가지고 가야 한다는 공식까지 나오게 된 것 같다.

거의 매일 이러한 공식에 의해서 결혼을 한 부부들의 하소연을 듣고 있는 나는 '진리는 불변이다'라는 사실을 새삼 확인하게 된다. '사랑은 돈으로 얻을 수도 살 수도 없다', '건강한 정신과 육체만 가지고 있으면 돈은 노력해서 얼마든지 벌 수 있다', '노력하지 않고 얻은 재산은 쉽게 없어진다', '내가 상대를 이용하면 상대도 나를 이용한다', '물질로 맺어진 인간관계는 물질로 깨어진다' 등 옛부터 지금까지 내려오는 이런 말들이 여전히 옳다는 것이다. 아파트 열쇠, 자동차 열쇠, 사무실 열쇠로 알려지고 있는 세 개의 열쇠는 불신의 열쇠, 좌절의 열쇠, 불행의 열쇠였다는 것을 말이다. 실제로 그런 결혼을 했다가 문제를 가지고 상담원으로 찾아와 고통을 호소하는 부부들의 사연을 통해서 잘 알 수 있다.

성공적이고 행복한 결혼 생활을 원하는 남녀들은 결혼 상대를 선택할 때 '죽음이 그들을 갈라놓을 때까지' 일생을 함께할 동반자를 찾는 일이 자기 인생에서 가장 중요한 일임을 인식하고 돈만 있으면 자기가 원하는 바를 모두 얻을 수 있으리라는 잘못된 생각을 버려야 한다. '결혼은 자기의 다른 반쪽을 찾는 것'이라는 말이 있듯이 상대가 돈이 많은 사람인가, 얼마나 많은 혼수를 해 올 수 있는 사람인가를 알아보는 데 시간을 낭비해서는 안 된다. 상대를 만날 때 편안한지, 그의 결함까지도 이해가 되고 보완해 주고 싶은 마음이 저절로 우러나오는지, 육체와 정신이 모두 건강해서 두 사람이 설계한 인생의 꿈을 이루어 나갈 수 있는 능력이 있는지, 만나는 횟수가 많아질수록 일생을 함께하고 싶다는 생각이 더해 가는지 등을 충분히 알아본 다음, 확신이 올 때에 결혼하는 것만이 행복한 결혼 생활을 할 수 있는 근본이요 보증서임을 혼기를 앞둔 당사자들과 그들의 부모들에게 알려 주고 싶다. 결혼한 후에도 결혼 생활은 이상이 아니라 현실임을 인식하고, 상대가 자기 소유물이 아닌 독립된 인격체임을 잊지 말고 상대의 있는 그대로를 존중하면서 가정이라는 공동 생활을 영위해 나가야 한다. 사랑은 느끼고 하기는 쉬워도 그것을 계속 지키고 가꾸어 가기는 어렵다. 그렇기 때문에 부부는 항상 사랑을 지키려는 부단한 노력을 해야 한다. 상대에게 자기의 부족한 점을 채워 주고, 원하는 바를 해 달라고 요구하기 전에 내가 상대가 원하는 바(부족한 점)를 먼저 줄 때 성공적이고 행복한 결혼 생활을 영위할 수 있다.

자녀를 위한 진정한 부모 사랑
−남에게 빼앗기지 않을 유산을 자녀에게 남겨 주어야 한다

경제 성장과 급속한 산업화를 지나 정보화, 세계화의 물결 속에 사회의 변화에 발 맞추어 살다 보니 부모의 자녀 교육과 사랑에 대한 방법도 달라지고 있다.

우리 사회는 도를 넘어설 정도의 학력 제일주의로 인해 대학 입학만이 너무 강조되고 있다. 아이가 학교 문턱을 넘어서기만 하면 '공부한다'는 것이 만병 통치약으로 통하고, 공부만 잘하면 마치 왕처럼 떠받들어지고 착한 아이(?)로 평가받기도 한다. 영어를 잘해야 출세한다, 영어를 못하면 평생 외국인 만날 기회가 없는 일자리도 얻기 힘든 세상이니 유학을 가야 한다는 의식이 팽배해져 조기 유학 바람이 날로 거세지고 있다.

2004년에 발표된 미 이민세관국(ICE) 보고서에 따르면 2003년 말

유학, 연수 비자(F1)와 직업훈련 비자(M1)를 발급받은 한국인 유학생은 9만 2,728명이었다. 2009년 4월 10일 미 국토안보부가 발표한 2008회계 연도(2007. 10~2008. 9) '비이민 비자 입국자 통계 보고서'에 따르면 미국 대학에 재학 중인 학생 비자(F1) 신분 한국 학생은 12만 7,185명으로 출신 국가별 순위에서 1위라고 한다. 방문 비자 등으로 미국에서 공부하는 유학생까지 포함하면 그 숫자는 더 많을 것이고, 미국 외에 필리핀·캐나다·호주 등 영어권 국가로 떠난 유학생까지 합하면 약 30만 명 이상이 영어권 국가로 유학을 떠났다.

특히 조기 유학의 경우 어린 학생들이 자연스레 영어를 국어 수준으로 구사하는 능력을 키울 수 있고 한국의 '입시 지옥'을 피해 외국 대학에 진학할 수 있다는 점에서 유학생 연령대는 더욱 낮아지는 추세다.

한국교육개발원에 따르면 초·중·고 해외 유학생은 매년 꾸준히 증가하고 있다. 2002년에는 1만 132명이던 유학생이 2008년에는 2만 7,668명으로 2배 이상 늘어났다. 특히 2008년 유학을 떠난 초등학생 비중이 절반에 가까운 44.6퍼센트를 차지했다. 중학생의 비율도 33.3퍼센트에 달했다.

물질적 뒷받침 전에 자녀와 정신적 교류 형성해야

2007년 미국은 물론 세계를 놀라게 한 버지니아텍(버지니아 공대) 총격 사건의 범인이 한인 1.5세라는 보도에 놀라움을 금치 못하면서도 '어쩌면 이러한 조승희를 길러낸 것이 우리 한인 부모들이 아니었는지' 하는 반성을 해보게 된다.

　부모는 자녀들과 정신적인 교류를 하기보다는 물질적인 뒷받침을 해줄테니 무조건 공부 잘해서 좋은 대학 들어가고 좋은 직장을 갖는 게 최고 성공이라는 식의 압박을 해서 한창 민감한 시기의 사춘기 청소년들에게 스트레스로 작용했을 것이다. '백인 주류' 사회에서 학교에 가면 문화적 충격과 정서적 차이로 상처를 받고 후유증을 앓으며 살아오지 않았을까 생각된다. 조승희도 버지니아텍에 들어갈 정도의 실력이라면 중·고등학교 때는 부모님 뜻대로 열심히 공부한 학생이었을 것이다.

　외국으로 조기 유학을 보내는 학부모들도 어떤 것이 더 중요한 일인지 다시 한 번 생각해 볼 일이다. 한국에 부모들과 함께 있으면서도 힘든 청소년 시기에 말도 안 통하고 문화도 다른 타국에서 홀로 공부하며 모든 것을 이겨내는 것은 결코 쉬운 일이 아니다. 무한의 가능성을 품고 비상해야 할 시기에 '내 힘으로 바꿀 수 없는 부조리한 장벽'은 그들의 기를 죽이기에 충분하다.

　국내에서는 모 의원이 8살 난 손자에게 8억짜리 집을 명의 이전해 줌으로써 일반 국민들에게 배신감과 좌절감을 안겨 주고 일할 의욕을 상실하게 했다. 몇천 몇억을 들여 자식을 대학에 부정 입학시킨 부모들의 한결같은 변명은 손자에 대한 사랑, 자식에 대한 자신들의 사랑은 옳지 않은 줄 알지만 당시로서는 그런 행위를 하지 않을 수 없었다며 이해해 달라는 것이었다.

그 변명에 사람들은 "그래, 옛부터 자식 둔 사람은 남의 자식 흉보지 못한다고 했어. 나도 돈만 있으면 자식 위해서 그렇게 했을지도 몰라"라고 하면서 그들을 비판하면서도 동정을 보내기도 했다. 하지만 자기 자식 입학시킬 욕심으로 남의 자식에게 피해를 입히고 그런 부정한 방법을 자식에게 가르쳐 주는 것이 자식을 위한 부모의 진정한 사랑이라고 할 수 있겠는가? 자식 둔 부모가 남의 자식 흉 못 본다는 말은 부모는 최선을 다했으나 자녀들 스스로가 부모의 뜻과 달리 잘못을 행하는 경우에 해당되는 것이지 부모 스스로가 자식 위한다는 미명 하에 부정한 행동을 저지를 때 쓰는 말은 아니라고 생각한다. 자녀들에 관한 문제인지라 다른 범죄와는 달리 의견이 분분했지만 그런 행동을 조금이라도 이해해 주거나 동정해 주어서는 안 되며 다시 그런 일이 되풀이되지 않도록 엄단해야 한다는 데는 많은 사람들의 생각이 같았다.

이혼 문제로 상담소를 찾아와 상담하는 부부들 중 특히 여자들의 경우 미성년 자녀를 양육하겠느냐고 질문하면 남편과는 오래 전부터 살고 싶지 않았는데도 아이들 때문에 할 수 없이 살아왔다고 주장하면서도 현재는 능력이 없어서 맡을 수 없다고 발뺌을 한다. 또한 지금 맡아서 함께 고생하다 보면 자기가 돈을 모을 수 없으니 아이는 아빠에게 맡기고 돈 벌어서 아이가 대학 갈 때 학비를 대주는 것이 아이를 위한 길이라고 생각한다면서 양육을 기피하는 경우가 많아졌다.

미 억만장자, 정규로 보내 주는 돈 외에 시험 보는 데 300달러 필요하다는 아들의 요청 거절

오래 전 MBC TV에서 "하버드 대학의 공부 벌레들"이라는 프로그램을 본 기억이 난다. 이 프로그램은 하버드 대학 법대 학생들의 공부하는 모습과 생활상이 담겨진 내용이었다. 주인공으로 나오는 학생 중 한 명의 부친이 하버드 대학 출신이고 억만장자로 모교에 빌딩을 지어 기부할 정도의 재력가인데 한 번은 아들이 정규로 보내 주는 돈 외에 시험 보는 데 300달러가 더 필요하니 아버지가 보내 주셨으면 한다는 전화를 걸었다. 자기가 변호사가 되면 갚겠다며 아들이 간곡하게 금전적 요청을 하는데도 그 아버지는 그런 돈은 보내 줄 수 없다고 거절하는 것을 보고 놀랍기도 했지만 우리로서는 이해하기 힘든 문화적 차이를 느꼈다.

그 후 나는 미국에 가서 여러 사람들을 만나고 상담하고, 자녀 문제를 접하게 되면서 그 TV 프로그램이 다른 의미로 다가왔다.

미국에선 자녀가 성년(미국 만 18세, 한국 만 20세)이 되면 부모의 집에서 내보내 성인으로서 자신에 대한 책임을 지게 하는 대신에, 미성년 자녀는 절대적으로 부모가 보호하고, 이혼 시에는 자녀가 12살 이하인 경우에는 양육과 교육과 정서적인 측면에서 어머니가 자녀에게 절대적으로 필요한 존재라고 해서 어머니가 자녀를 맡도록 제도화되어 있다.

남겨 줄 유산은 자립심과 자생력, 남과 함께 살아가는 사회성과 지혜, 실력, 정직함, 정신력

"일하지 않으면 먹지도 말라", "네가 현재 서 있는 곳에 뿌리를 내리고 나무를 가꾸어 그 열매를 거두라", "자식에게 돈을 남기는 것은 술을 남겨 주는 것과 마찬가지다"라는 그들의 교훈은 자녀에 대한 진정한 사랑과 유산은 남이 빼앗아 갈 수 없는 자립심, 자생력, 남과 함께 살아가는 사회성과 지혜, 실력, 정직함을 주는 것이라는 생각에서 출발한다. 이것은 자녀가 빈 몸으로 어느 곳에 가나 살아갈 수 있는 지혜와 용기, 자생력을 길러 주는 것이기 때문이다.

우리나라 부모들은 자녀들이 어릴 때부터 곧잘 열심히 돈 버는 것은 다 너희에게 주기 위해서라고 노래하듯이 말하곤 한다. 그 결과 자녀들은 부모의 재산을 자기 재산으로 생각하고, 부모는 자기 돈을 벌어 주는 사람, 자기도 모르는 사이에 재산 관리인으로 잠재의식 속에 자리잡게 된다. 그래서 흔히 우리는 자녀들이 성인이 되어서도 자립하지 못하고 부모 재산만 바라보고 형제 간에 싸우며 세월을 허송하는 경우를 보게 된다. 그리고 잊을 만하면 한 번씩 매스컴을 통해서 대학까지 나온 성인 자녀가 부모가 돈을 주지 않는다 해서 부모를 살해했다는 뉴스를 접하게 된다.

남에게 빼앗기지 않는 정신적 재산은 영어를 잘하고 지식이 많다 해서 갑자기 얻어지는 게 아니다. 어릴 적부터 부모가 함께하며 사랑을 주고, 생활을 통해, 행동을 통해 물이 솜에 스며들듯이 자녀에게 자연스럽게 스며들게 해주었을 때만 생기는 것이다.

자녀에게 부모가 남겨 주어야 할 유산과 진정한 사랑은 남이 빼앗아 갈 수 없는 재산, 어디에서도 혼자 살아낼 수 있는 건강한 삶과 책임감, 그리고 공명정대한 공동체적인 삶에 익숙한 건전한 상식과 시민 의식, 타인과 함께 살아가는 지혜, 자기들이 원하면 부모가 다 해준다는 생각을 버리고 스스로의 힘으로 이루어 나간다는 진취적이고 적극적인 사고방식·능력·실력이라는 재산이다.

자식을 진정으로 사랑하는 부모라면 세계를 무대로 그들이 있는 곳에서 주인이 되어 건강한 삶을 살아갈 수 있도록 남이 빼앗아 갈 수 없는 올바른 유산을 자녀에게 남겨 주어야 한다.

특별 제언

미성년 자녀와 전업주부는 보호되어야 한다
법률복지사·가정법률복지사 제도를 신설해야 한다
가정법원 전국 설치 및 전담 조사관 제도의 신설을 촉구한다

미성년 자녀와 전업주부는
보호되어야 한다

1. 미성년 자녀를 양육하는 사람이 살던 집에서 계속 살도록 하고, 재산 분할은 자녀가 성년이 된 뒤에 해야 한다

이혼이 날로 늘어 가면서 이혼하는 부부가 자녀를 맡지 않으려는 경향도 늘어 가고 있다. 자녀가 미성년자인 경우 아버지는 직장에 나가고 주로 어머니가 양육을 전적으로 맡아 오는 게 우리나라 현실이다. 그러다가 이혼을 하면 가사 노동에만 전적으로 종사해 온 아내의 경우 생활에 대한 두려움 때문에 아이까지 책임지는 것을 피하려는 경향이 많다.

자기에게 경제력이 생기고 살 곳이라도 안정되면 그때 아이를 맡을 수 있지, 지금 당장은 아이를 맡을 수 없다고 하는 여자들이 대부분이다. 남자들의 경우에도 자녀가 있으면 재혼에 방해가 되고, 핵가족 시대에 친정이나 시댁에서도 손자들을 맡아 주려 하지 않기 때문에 이혼 부부 자녀들은 공중에 뜨기 십상이다.

어차피 이혼을 막을 수 없다면 이혼 부부 사이에 자녀, 즉 다음 세대를 책임질 우리의 아이들에 대한 대책을 그들의 부모에게만 맡겨 둘 게 아니라 우리 모두가 함께 고민하고 방법을 연구해야 한다. 이혼 부부 자녀들에게 환경의 변화를 최소화하여 정서적 안정을 해치지 않게 하는 최선의 길이 그 어머니와 함께 계속 생활하게 해주는 것이라는 데 반대할 사람은 없을 것이다. 그렇다면 그 방안을 제도적으로 마련해 주어야 한다.

현재는 재산 분할권이 생기어 이혼 시 살던 집을 부부가 나눠 가지게 되고 이로 인해서 자녀들은 부모 중 한 사람과 헤어지고 살던 집을 떠나게 된다. 더구나 학교까지 옮기고, 친한 친구들과도 이별을 하게 되면 아직 미숙하고 여린 아이들로서는 감당할 수 없는 엄청난 환경의 변화에 직면하게 된다. 특히 항상 함께 있던 어머니와 헤어지는 경우 아이들에게 그 이상 심각한 충격은 없을 것이다. 이러한 충격을 최소화하기 위해서는 어머니가 자녀를 자의에 의해서 맡도록 제도를 만들어 유도할 수밖에 없다.

선진국에서 시행하고 있는 것처럼 부부에게 미성년 자녀가 있을 경우 자녀를 양육하기로 한 사람이 이혼 전 살던 집에서 자녀와 계속해서 살고, 자녀를 양육하지 않는 사람이 양육비를 부담하고, 집을 살 때 은행에서 융자한 융자금의 상환을 책임지게 하고, 자녀들이 성년이 된 후에 비로소 그 재산을 분할하게 한다면 어머니들이 지금처럼 자녀 양육을 맡는 것을 두려워하지 않고, 아버지들도 자녀 양육을 기피하지 않을 것이다.

2. 남편의 강요로 가사에만 전념한 주부의 경우, 이혼 시 재산 분할에서 맞벌이 한 주부보다 높은 비율을 인정해 주어야 한다

1991년부터 시행되고 있는 개정가족법에는 이혼 시 재산 분할 청구권이 신설되었다. 이에 근거해서 이혼하면서 또는 이혼한 후 2년 내에 아내가 남편을 상대로 법원에 재산 분할 청구를 하는데, 판례를 보면 최근에 와서 약간 변화를 보이고 있지만 특별한 경우를 제외하고는 전업 주부의 경우 40퍼센트 이상을 인정해 주지 않고, 맞벌이 한 주부의 경우 50퍼센트 정도를 인정해 주는 것으로 나타나고 있다.

그러나 이런 판결은 부당하다. 맞벌이를 해서 빨리 생활의 안정을 되찾자며 남편이 가사를 분담하겠다고까지 했는데도 자기는 직장 생활을 하고 싶지 않다면서 집에 들어앉아 있고, 그러면서도 남편에게 집안일을 도와주지 않는다고 시비하고 집안일도 적극적으로 해내지 못한 주부라면 재산 분할 시 기여도 평가에서 맞벌이 한 주부보다 비율을 적게 해도 공정하다.

그러나 본인이 직장 생활을 하겠다고 주장하는데도 남편이나 시집에서 여자는 집안일만 해야 한다, 그것이 가정을 위해서 훨씬 낫다고 하면서 여자를 집안에 묶어 두면 가정 생활에만 전념하게 되어 경제적 능력을 상실하게 된다. 이처럼 타의에 의해서 돈을 벌 수 있는 능력을 저해당한 전업주부의 경우에는 이혼 시 그 능력을 회복할 수 있는 기간까지 소비되는 비용을 합산해서 재산 분할 액수를 정해야 한다.

맞벌이 주부의 경우에는 계속 일을 함으로써 돈을 벌 수 있는 능력, 즉 무형의 재산을 가지고 있다. 재산 분할 시에는 유형의 재산(부동산, 동산, 금전 등 눈에 보이는 재산)과 무형의 재산(의사, 변호사, 전문 자격증 등 돈을 벌 수 있는 능력)을 합산해서 평가해야 한다. 그렇기 때문에 맞벌이 주부의 경우 유형의 재산 평가 비율이 가사에만 전업한 주부보다 적다 해도 무형의 재산과 유형의 재산을 합하면 결과적으로 계속 직장 생활을 하면서 돈을 버는 능력을 유지해 왔으므로 더 많은 것이다. 이와 마찬가지로 남자들의 경우 계속 사회 생활을 하면서 경제적 능력을 유지해 왔기 때문에 현존하는 재산의 30퍼센트를 가지더라도 무형의 재산까지 생각하면 70퍼센트를 받는 전업주부보다 많이 갖는 것이다.

특히 우리나라처럼 사회적으로 주부가 가사에만 전념하는 것을 미덕이라고 주장하고 그걸 유도하고 강제하는 사회에서는 이혼 시 가사에만 전념하여 돈을 버는 능력을 상실한 주부에게 재산 분할 비율을 높이 평가해 주어야 마땅하다. 그렇지 않는 한 주부들은 자기의 능력을 인정받고 평가받기 위해서는 밖의 일만 가치가 있고 가사는 가치가 없는 일로 생각할 것이다. 할 수 없이 집안일만 하게 되는 경우에도 왜 나만 이런 가치 없는 일을 하며 희생당하나 하는 느낌을 갖게 되고 결국 밖으로 나가려는 궁리만 할 수밖에 없다.

실제 눈으로 보이는 가치 평가에서는 가사 노동을 낮게 평가하면서 여자가 가정에서 집안일에 전념하고 아이들을 양육하는 일이 가장 가치 있는 일이라고 아무리 미사여구를 동원해서 외쳐대도 그 일이 진정 가치 있는 일이라고 생각할 사람은 아무도 없다. 판사들은 주부들이 보람을 가지고 가사와 자녀 교육에 전념하는 것이 가정과 국가를 위해서 바람직하다고 생각한다면 재산 분할 평가 시 이 점을 염두에 두어야 한다.

국민의 기본권 보장을 위해

법률복지사·가정법률복지사 제도를 신설해야 한다

　국민의 입장에서 기본권을 보장받기 위해서는 사법 서비스에 접근하는 것이 보장되어야 한다. 나라의 모든 공무가 국민에 대한 서비스이듯이 사법도 서비스다. 공동체에서 사법의 역할은 그 사회가 발전해 가는 방향에 부응해야 한다. 모든 분야가 그러하듯이 사법도 지속적인 개혁 작업이 이루어져야 한다. 법은 국민의 동의 위에서만 생명력을 유지한다.

　우리나라는 많은 경제 성장을 이룩했음에도 불구하고 아직도 빈곤이 남아 있고, 대부분의 농어민과 도시 근로자들은 의무 교육으로 인해 문맹의 상태에서 벗어났을 뿐 여전히 가난하다. 또한 급속도의 경제 성장으로 말미암아 사회 전반에 걸쳐 분쟁 자체가 증가하고 법률 서비스에 대한 수요가 급증했다.

법률 구조는 모든 국민이 당연히 누려야 할 존엄과 가치

국민 주권의 원리를 구현해야 할 자유 민주주의 사회에서 법의 임무는 나라의 주인인 국민에 대한 서비스를 제공함에 있다. 나라의 모든 공무가 국민에 대한 서비스이듯 사법도 서비스다. 이러한 '사법의 서비스화'의 정도가 가장 가시적인 민주화와 법치주의의 정착도의 지표가 된다. 공동체에서 사법의 역할은 그 사회가 발전해 가는 방향에 부응해야 한다. 모든 분야가 그러하듯이 사법도 지속적인 개혁 작업이 이루어져야 한다.

대법원이 여론 조사 전문 기관인 M&C 리서치에 의뢰해 2003년 12월 18~26일 서울 등 6대 광역시에 거주하는 20세 이상 일반인 1천 명을 대상으로 조사한 결과 "형사 재판이 부유하거나 가난한 사람, 지위가 높거나 낮은 사람들에게 똑같이 정의롭고 공정하다고 생각하는가?"라는 질문에 18.2퍼센트가 "매우 아니다", 65.5퍼센트가 "아니다"라고 응답하는 등 전체 응답자 83.7퍼센트가 형사 재판이 불공정하다고 평가했다. 변호사의 유무에 따라 다른 판결이 나온다고 생각한다는 응답이 95.2퍼센트, 국선 변호 제도를 알고 있는 사람들 중에서 국선 변호인이 피고인들을 위해 성실하게 변호할 것으로 생각하느냐는 질문에는 72.1퍼센트가 부정적인 반응을 보였고, 성실하게 변호한다면 이용하겠다는 응답이 92.5퍼센트였다.

내가 1994년 7월 전국 22개 지역의 20세 이상 일반인 2,632명을 대상으로 "법률 서비스 및 그 제공자에 대한" 여론 조사를 한 결과 응답자 중 74퍼센트가 "살면서 법률적인 도움이 필요했다"고 응답했고, "그럴 경우 변호사를 찾아갔는가"라는 질문에 15퍼센트만이 "그렇다"고 답하고, 48퍼센트는 "변호사 비용이 비쌀 것 같아 가지 않았다"고 응답했다. 그리고 "변호사, 법률 전문가의 유무에 따라 다른 판결이 나온다"는 응답이 90.1퍼센트, 법조인을 권위적이고 딱딱하고 냉정한 사람으로 느낀다는 응답이 81.8퍼센트, "가정에서 일어나는 분쟁을 소송을 통하지 않고 예방, 조정, 화해를 통해 해결하기를 바란다"는 응답이 87.8퍼센트에 달했다. "우리나라에서 법과 화해, 조정을 전문으로 공부하고 특히 소외계층의 법률 복지를 위해 봉사 정신을 가지고 일할 수 있는 전문인 자격을 인정하는 것을 법이나 제도로 만들 필요가 있다고 생각하는가?"라는 질문에 "필요하다"는 응답이 92.9퍼센트로, 전문인의 명칭은 58.8퍼센트가 "법률복지사"로 응답했고, 가사사건을 전담으로 하는 경우에는 57.7퍼센트가 "가정법률복지사"로 하는 것이 좋다고 응답했다.

대법원과 내가 한 국민 여론 조사의 결과를 보면 여론 조사 시점의 차이가 9년이나 되었는데도 국민이 사법부와 법조인을 보는 의식에는 별 차이를 보이고 있지 않다. 여기에서 우리 국민이 사법부와 법조인을 보는 시각을 알 수 있다 하겠다.

법률 구조 사업은 소명감 가진 인력 확보가 가장 우선

국민을 위한 사법 개혁이 되기 위해서는 돈이 없고 법을 알지 못하는 사람들이 유능한 법률가의 도움을 받을 수 있도록 법률 구조 제도가 활성화되어야 한다. 법률 구조는 모든 국민이 국민인 지위에서 당연히 누려야 할 존엄과 가치와 경제적 능력과 사회적 조건에 의해 차별받지 않을 평등권의 핵심적 내용을 구성한다. 따라서 사법 개혁의 핵심적 내용 중 하나는 법률 구조 제도의 활성화에 있다. 법은 국민의 동의 위에서만 생명력을 유지한다.

법률 구조 사업은 그 특성상 국민, 특히 소외 계층의 법률 복지를 위해서 헌신하겠다는 소명감을 가진 인력이 제일 중요한 자원이다. 자본주의 시장 경제 원리에 젖어 직업 의식만 가지고 있는 사람들은 진정으로 이 사업을 수행하기 어렵다. 법률 구조 사업의 목적이 소송 구조보다 화해와 조정, 그리고 분쟁 발생 예방에 목적을 둘 때 법률 구조를 수행하는 사람이 변호사에 한정될 수 없다. 이 목적을 위해 잘 훈련되고 경험을 쌓은 직업 의식에 소명감을 겸비한 사람이 필요하다.

이를 위해서는 법조인의 양적인 증가도 필요하지만 소외 계층을 위해서 일하겠다는 의식과 정의감이 있는 사람이 요청된다. 지금의 법과대학 교육이나 사법연수원 교육처럼 교과 과목에 법률 구조 과목 하나 없이 오로지 시민법적 원리에 기반을 두고 가치 중립적, 기계적, 형식 논리 위주의 교육을 시킬 경우 법조인의 수를 많이 늘린다 해도 국민이 양질의 법률 서비스를 기대하기는 어렵다. 사법 시험 합격자가 너무 많아 사법연수원 졸업생 중 미취업자가 많다고 보도되고 있지만 현재 구, 읍, 면에 변호사가 없는 곳이 너무나 많고, 특히 돈이 없어 변호사의 도움을 받지 못하는 국민이 대부분인 것이 현실이다.

기존 법조인들의 기득권에 침해가 가지 않고 국민의 사법권 접근권이 보장될 수 있는 대안으로 법률 구조 활성화와 이를 위해 법률 복지사 제도의 신설을 위한 입법과 법과대학에 법률 구조 과목 및 법률 임상 실습 교육을 위한 강좌 개설이 강력히 요청된다.

법률복지사·가정법률복지사는 조력자, 조정자, 상담자, 예방자, 홍보자, 교육자, 보호자, 행동자, 원조자의 역할을 수행한다.

국민의 법률 복지를 향상시키고 국제 경쟁력 강화를 위해 과거 사법시험 제도에서 지적되었던 폐해가 로스쿨 신설 후에도 되풀이되지 않도록 법률복지사 제도를 신설해 변호사 시험 제도에 채택하도록 우리 모두 힘을 합하고 관계 당국과 특히 입법자는 앞장서 주기를 법률 서비스 수요자의 한 사람으로서 강력히 요청한다.

가정법원 전국 설치 및 전담 조사관 제도의 신설을 촉구한다

특수 법원으로서의 가정법원이 명실상부한 역할을 수행하기 위해서 가장 시급하게 해야 할 일은 가정법원을 전국에 설치하고 현재 가정법원의 운영 방식에 개혁을 가해야 한다.

가정법원은 사회와 국가를 구성하는 기초 핵인 가정을 최후로 지켜 주는 역할을 해야 하는 특수 법원이다. 가사 사건은 당사자에게 형사 사건이나 민사 사건보다 훨씬 심각한 면이 있다. 민사 사건은 재산을 다루는 것이고, 형사 사건은 명예를 다루는 것인데, 가사 사건은 가정이라는 근본적인 부분, 어떻게 보면 재산과 명예를 포괄하는 인생의 전부를 다루는 것이기 때문이다.

여성계의 강력한 요망과 사회적 요구에 의해서 "인간의 존엄과 남녀의 평등을 기본으로 하여 가정 평화의 친족 상호 건전한 공동 생활의 유지에 기여함을 목적"으로 하는 가사 심판법이 제정되고 이를 전문적으로 취급하는 법원으로 서울에 가정법원이 설립되어 1963년 10월 1일 그 집무를 개시한 지 올해로 46년째를 맞이하게 되었다.

한 세대를 넘기는 지난 세월은 우리 사회에 엄청난 변화를 불러왔다. 사회, 정치 상황의 변모는 물론이요 사법 분야에서도 상당한 변화를 가져왔다. 가정의 해체가 가속화되고 이혼 사건, 소년 사건의 폭증으로 가정법원의 중요성은 날로 커지는데 가정 문제를 다루는 가정법원이 아직 서울에만 설치되어 있어서 가정 문제가 발생되었을 때 가정의 특수성과 사회에 미치는 영향을 감안하여 판단하는 전문적인 법의 보호를 받을 수 없다.

가정법원은 단순한 소송 법원이 아닌 평화의 법원으로서의 후견적 기관인 조정 중심의 가정법원을 강조하여 판결보다는 조정에 전력을 기울여야 한다.

가사 사건은 만인 공개 하에 흑백을 가리는 사법 제도의 기능만으로 해결할 수 없으며, 그들이 갖는 문제들이 일시적일 수도 있으나 장기적으로는 가정과 사회에 미치는 순환적 파급 효과가 개인과 가족의 특성에 따라 치명적이 될 수도 있고, 다른 문제들의 유발 요인으로 작용할 수 있어서 법적인 해결 차원뿐만 아니라 예방 차원에서도 문제를 해결해야 한다.

대한가정법률복지상담원은 창립 1주년을 맞아 2000년 10월 27일 '사법 개혁과 가정법원'이라는 주제로 특별 강연회를 개최하여 특수 법원으로서의 가정법원이 명실상부한 역할을 수행하기 위해서 가장 시급하게 해야 할 일로 '가정법원의 전국 설치', '가정법원의 운영 방식 개혁', '협의 이혼 제도의 개선'을 촉구하는 운동에 불을 지폈다.

그 운동의 결과 현재 광주, 부산, 대구, 대전에 가정지원이 개설되고, 전문 법관 제도 신설, 전문 조사관 제도 부활, 조정위원 남녀 비율 개선(전국적으로 아직 미흡), 가사 상담실 설치, 협의 이혼 숙려 제도, 친권자, 양육자, 양육비 부담 확인 제도가 도입되었다.

가정법원의 법관은 노련한 법률가로서 흑백을 가리는 판단만 하지 않고 한 가정이라도 깨지지 않도록 온 심혈을 기울이는 소명감과 민주 의식을 가진 전문 법관이 필요하다.

조사관은 가사 사건 대상자에 대해서 폭넓은 지식과 인간 문제에 대한 심층 심리적 이해력과 사랑을 가지고 접근할 수 있는 능력이 있어야 한다. 머릿속 지식이나 기술적인 면, 직업 의식만 가지고 접근해서는 안 된다.

가사조정위원회는 가정 문제를 조정하는 위원회이기 때문에 효율적인 조정을 하기 위해서는 남녀 비율이 같게 구성을 하는 것이 바람직하다.

전담 조사관 제도를 신설해야 한다

가사 사건은 경제적 사정으로 변호사 등을 선임할 자력이 없는 당사자가 많다. 국가는 국민 생활의 기반을 이루는 가정에 대하여 후견적 간섭 내지 지도를 함으로써 가사 분쟁을 예방하고 해결하지 않으면 안 된다. 이를 위해 심리학, 가정학, 사회학, 교육학을 전공한 전문 조사관 외에 법률 지식을 기반으로 해서 소명감을 가지고 가사 사건 대상자와 그 가족에 대해서 상담자, 조력자, 조정자, 예방자, 홍보자, 교육자, 보호자, 행동자, 원조자의 역할을 수행하는 역할을 할 수 있는 법률복지사, 가정법률복지사를 확보해 전담 조사관 제도를 신설해야 한다.

가정 안에서의 정의를 구현하고 가정 파탄을 미리 예방하고 가사 분쟁을 완화하기 위한 법과 과학의 결합체인 가정법원 제도를 완비하고, 가정법원을 전국에 설치하여 가정 문제를 가진 국민에게 특수 법원으로서 일반 법원과는 다른 서비스를 제공할 수 있도록 하는 입법과 제도 보완이 시급히 요청된다.

전국에 가정법원을 설치하고 제도를 개선하려면 경제적인 문제가 뒤따른다 할지 모르지만 가정 분쟁을 인도적으로 해결하고 예방할 경우 궁극적으로는 국가에 이익이 된다. 또 최근 신문 기사 등을 볼 때 어두운 곳으로 흘러가는 돈의 물줄기를 밝은 곳으로 흐르도록 제도를 확립한다면 경제적인 문제가 해결될 수 있으리라 생각한다.

2008년 1월 1일부터 시행되는
새로운 가족 관계 등록 제도의
주요 내용 및 양식

□ 호적 제도의 폐지와 개인별 가족 관계 등록 제도 신설

- 호주를 중심으로 가(家) 단위로 호적을 편제하던 방식을 국민 개인별로 등록 기준지에 따라 가족 관계 등록부를 편제한다.

○ 전산화 환경에 맞춘 가족 관계 등록부 도입
- 전산화 환경에 맞춰 전산 시스템으로 각종 가족 관계의 발생 및 변동 사항의 작성 및 관리
- '가족 관계 등록부'란 서면 장부가 아니라 가족 관계 등록 사항을 개인별로 입력·처리한 전산 정보 자료를 말함
- 전산 시스템에 개인별 인적 사항을 입력하고 본인 외의 관련 정보는 필요시 연결 정보로 추출하여 사용함으로써 개인별 편제 방식에 따른 중복 정보 처리 문제를 해소하고, 그 사무 처리를 단순화함

○ 다양한 목적별 증명서 발급(제15조)
- 2008년부터는 전산으로 관리되는 가족 관계 등록부에서 증명 목적에 따라 아래와 같은 다섯 가지의 증명서를 마련하여 본인뿐만 아니라 본인 외의 개인 정보 공개를 최소화함

증명서의 종류	기재 사항	
	공통 사항	개별 사항
가족 관계 증명서	본인의 등록 기준지 · 성명 · 성별 · 본 · 출생 연월일 및 주민등록번호	부모, 배우자, 자녀의 인적 사항 [기재 범위 – 3대(代)에 한함]
기본 증명서		본인의 출생, 사망, 개명 등의 인적 사항(혼인 · 입양 여부 별도)
혼인 관계 증명서		배우자의 인적 사항 및 혼인 · 이혼에 관한 사항
입양 관계 증명서		양부모 또는 양자 인적 사항 및 입양 · 파양에 관한 사항
친양자 입양 관계 증명서		친생부모 · 양부모 또는 친양자의 인적 사항 및 입양 · 파양에 관한 사항

□ 호적등본(기존의 호적등본)과 새로운 가족 관계 등록부 양식 비교

호적등본(기존의 호적등본)

본적	전북 군산시 나포면 옥곤리 1번지				
호적 편제	[편제일] 1968년 12월 31일				
전산 이기	[이기일] 2002년 05월 20일 [이기사유] 호적법시행규칙 부칙 제2조제1항				

전호주와의 관계				전호적	전북 군산시 나포면 옥곤리 0번지 호주 이일남
부	이일남	성별	남	입적 또는 신호적	
모	김순희			본	全州
호주	이철수(李鐵水)			출생	서기 1968년 12월 31일
				주민등록번호	681231-1******

출생	[출생장소] 군산시 나운동 20번지 [신고일] 1968년 12월 31일
국적회복	[국적회복허가일] 1991년 12월 10일 [국적회복전국적] 미국 [신고일] 1991년 12월 20일 [신고인] 이철수
개명	[개명허가일] 1998년 10월 05일 [허가법원] 전주지방법원 군산지원 [신고일] 1998년 10월 12일 [신고인] 이철수 [기재일] 1998년 10월 12일 [개명전이름] 이문동 [개명후이름] 이철수
혼인	[혼인신고일] 2001년 07월 01일 [배우자] 조종희 [법정분가일] 1968년 12월 31일
정정	[직권정정서작성일] 2002년 01월 20일 [정정일] 2002년 01월 20일 [정정내용] 배우자의 이름 "조종희"를 "조정희"로 직권정정

부	조용수	성별	여	본		전호적	김해군 상동면 북방리 100번지 호주 조용수
모	박미자					입적 또는 신호적	
처	조정희(趙楨禧)					출생	서기 1972년 10월 20일
						주민등록번호	721020-2******

출생	[출생장소] 김해군 김해읍 어방동 30번지 [신고일] 1972년 10월 30일 [신고인] 부
혼인	[혼인신고일] 2001년 07월 01일 [배우자] 이철수

부	이철수	성별	여	본	全州	전호적	
모	조정희					입적 또는 신호적	
자	영희(英熙)					출생	서기 2003년 05월 12일
						주민등록번호	030512-2******

출생	[출생장소] 서초구 서초3동 200번지 [신고일] 2003년 05월 20일 [신고인] 부

위 등본은 호적의 내용과 틀림없음을 증명합니다.
서기 2007년 5월 11일

서초구청장 (인)

견본입니다.

[목적별 증명서]

이철수의 가족관계등록부

가 족 관 계 증 명 서

등록기준지	전북 군산시 나포면 옥곤리 1번지

구분	성명	출생년월일	주민등록번호	성별	본
본인	이철수(李鐵水)	1968년 12월 31일	681231-1******	남	全州

가족사항

구분	성 명	출생년월일	주민등록번호	성별	본
부	이일남(李一男)	1941년 12월 12일	411212-1******	남	全州
모	김순희(金順熙)	1946년 05월 10일	460510-2******	여	金海
배우자	조정희(趙禎禧)	1972년 10월 20일	721020-2******	여	
자녀	이영희(李英熙_	2003년 05월 12일	030512-2******	여	全州

위 가족관계 증명서는 가족관계등록부의 기록사항과 틀림없음을 증명합니다.

서기 2008년 01월 01일

서초구청장 (직인)

견본입니다.

기 본 증 명 서

등록기준지	전북 군산시 나포면 옥곤리 1번지

구분	상 세 내 용
작성	[가족관계등록부 작성일] 2008년 01월 01일 [사유] 가족관계의 등록 등에 관한 규칙 부칙 00호

구분	성명	출생년월일	주민등록번호	성별	본
본인	이철수(李鐵水)	1968년 12월 31일	681231-1******	남	全州

[일반신분사항]

구분	상 세 내 용
출생	[출생장소] 군산시 나운동 20번지　　[신고일] 1968년 12월 31일 [신고인] 부　　　　　　　　　　　　[신고관서] 군산시
국적 회복	[국적회복허가일] 1991년 12월 10일 [국적회복전국적] 미국 [신고인] 이철수　　　　　　　　　　[주민등록번호] 681231-1****** [신고일] 1991년 12월 20일　　　　　[신고지] 서울특별시 서초구
개명	[개명허가일] 1998년 10월 05일 [허가법원] 전주지방법원 군산지원 [신고일] 1998년 10월 12일 [신고인] 이철수　　　　　　　　　　[주민등록번호] 681231-1****** [기록일] 1998년 10월 12일　　　　　[처리관서] 서울특별시 관악구 [개명전이름] 이문동　[개명후이름] 이철수

위 기본증명서는 가족관계등록부의 기록사항과 틀림없음을 증명합니다.

서기 2008년 01월 01일

서초구청장 (직인)

견본입니다.

혼 인 관 계 증 명 서

등록기준지	전북 군산시 나포면 옥곤리 1번지

구분	성명	출생년월일	주민등록번호	성별	본
본인	이철수(李鐵水)	1968년 12월 31일	681231-1******	남	全州

혼인사항

배우자	조정희(趙幀禧)	1972년 10월 20일	721020-2******	여

구분	상 세 내 용
혼인	[혼인신고일] 2001년 07월 01일 [신고관서] 군산시 [기록일] 2001년 07월 01일 [배우자] 조종희 [주민등록번호] 721020-2******
정정	[직권정정서작성일] 2002년 01월 20일 [정정일] 2002년 01월 20일 [처리관서] 서초구 [정정내용] 배우자의 이름 "조종희"를 "조정희로 직권정정

위 혼인관계 증명서는 가족관계등록부의 기록사항과 틀림없음을 증명합니다.

서기 2008년 01월 01일

서초구청장 (직인)

견본입니다.

입 양 관 계 증 명 서

등록기준지	전북 군산시 나포면 옥곤리 1번지

구분	성명	출생년월일	주민등록번호	성별	본
본인	이철수(李鐵水)	1968년 12월 31일	681231-1******	남	全州

입양사항

구분	성명	출생년월일	주민등록번호	성별	본
양부	해당사항 없음				
양모	해당사항 없음				
양자	해당사항 없음				

구분	상 세 내 용
입양	해당사항 없음

위 입양관계 증명서는 가족관계등록부의 기록사항과 틀림없음을 증명합니다.

서기 2008년 01월 01일

서초구청장 (직인)

견본입니다.

친양자입양관계증명서

등록기준지	전북 군산시 나포면 옥곤리 1번지

구분	성명	출생년월일	주민등록번호	성별	본
본인	이철수(李鐵水)	1968년 12월 31일	681231-1******	남	全州

친양자입양사항

구분	성명	출생년월일	주민등록번호	성별	본
양부	해당사항 없음				
양모	해당사항 없음				
친양자	해당사항 없음				
친생부	이일남(李一男)	1941년 12월 12일	411212-1******	남	全州
친생모	김순희(金順熙)	1946년 05월 10일	460510-2******	여	金海

구분	상세내용
입양	해당사항 없음

위 친양자입양관계 증명서는 가족관계등록부의 기록사항과 틀림없음을 증명합니다.

서기 2008년 01월 01일

서초구청장 (직인)

견본입니다.

* 위 견본의 인적 사항은 모두 지어낸 것이고, 배경색도 비교 편의를 위하여 입힌 것으로 실제와 다름.

15만 번 이혼한 여자

초판 발행 2010년 5월 10일

지은이 양정자
펴낸이 양정자
펴낸곳 대한가정법률복지상담원 출판부

등록 제20-200호(2000.9.30)
주소 서울 양천구 신정 1동 1028-2 서전빌딩 3층
전화 02)2697-0155, 3675-0142~3
FAX 02)3675-0175
http://www.lawqa.jinbo.net
e-mail Lawqa@chollian.net

printed in Korea

ⓒ대한가정법률복지상담원 출판부, 2010
ISBN 978-89-952107-1-0(03330)

정가 10,000원